徐建宏 ◎ 著

破冰醒世徐继畲

山西出版传媒集团

北岳文艺出版社
·太原

图书在版编目（CIP）数据

破冰醒世徐继畬 / 徐建宏著. -- 太原：北岳文艺出版社，2025.7. -- ISBN 978-7-5378-7048-1
Ⅰ. K827=49
中国国家版本馆CIP数据核字第20254G7S45号

破冰醒世徐继畬
POBING XINGSHI XU JIYU

徐建宏 / 著

出品人
郭文礼

选题策划
王朝军　赵　婷

责任编辑
李向丽

书籍设计
张永文

印装监制
郭　勇

出版发行：山西出版传媒集团·北岳文艺出版社
地　址：山西省太原市并州南路57号　邮编：030012
电　话：0351-5628696（发行部）　0351-5628688（总编室）
传　真：0351-5628680
经销商：新华书店
印刷装订：山西人民印刷有限责任公司
成品尺寸：165mm×235mm
字数：130千字
印张：12
插页：10
版次：2025年7月第1版
印次：2025年7月山西第1次印刷
书号：ISBN 978-7-5378-7048-1
定价：78.00元

本书版权为本社独家所有，未经本社同意不得转载、摘编或复制

目录

生平小传 ……………………………………… 1

破冰醒世 ……………………………………… 21

　一、《瀛环志略》概述 ……………………… 23

　二、五台徐氏 ……………………………… 36

　三、朝考第一 ……………………………… 42

　四、徐继畬与林则徐 ……………………… 46

　五、比林则徐、魏源更有见识的晚清大臣 …… 59

　六、徐继畬与晋商 ………………………… 66

　七、德克雷笔下的徐继畬 ………………… 76

　八、现代高等教育的开创者 ……………… 95

　九、执教超山书院 ………………………… 99

　十、手批《后汉书》 ……………………… 109

　十一、考略与编著 ………………………… 114

十二、徐继畬与《五台新志》……………… 118

十三、徐润第父子的思想传承 ……………… 130

十四、五台徐氏与崞县续氏 ………………… 140

十五、评价拾零：破冰醒世之功 …………… 149

当代启示……………………………………… 165

箴言警句……………………………………… 177

徐继畬

【生平小传】

徐继畬（1795—1873），字健男，号松龛，山西省五台县东冶镇人。他的著作《瀛环志略》（以下简称《志略》）是继魏源《海国图志》（以下简称《图志》）之后，在中国近代史上产生巨大影响的关于世界历史地理的专著。

生平事迹

徐继畬出生于一个官宦之家。父亲徐润第，号广轩，乾隆乙卯年进士，曾任内阁中书、储济仓监督、湖北施南府同知等职，为官清正廉明，政绩显著，"服官二十余年，衣不盈两笥。中书冷秩，郡丞闲曹，而所至必有树立"（《山西通志·乡贤录》）。嘉庆二十五年十月回归故里，晚年设帐于东冶、晋阳、崞县、介休等地，讲学授徒，从者甚众。徐润第学识渊博，先儒理学诸书，读之殆遍，旁及释道百家，中年之后，尤精研周易，"前后近四十年，剡精造微，所读儒书皆以易象证之，一一吻合"。（《徐氏本支叙传·显考赠资政大夫施南府同知广轩公家传》）道光七年卒，终年六十七岁。徐润第生平未专意著书，仅于门人弟子质疑时，随问条达，或读书有得，随手杂记，由徐继畬收集杂著编成《敦艮斋遗书》十七卷，收集制义两百余篇，编成《敦艮斋时文》，一并印行。徐继畬一生以"恪守家风"自励，徐润第的为人处世、读书治学对他的影响是极其深刻的，他所走的生活道路，也与其父有相似之处。

徐继畬六岁时，开始随母亲续夫人读书识字。续夫人系山西崞县人，出身于书香门第，颇有学识。徐续两家，世为姻亲，徐继畬的夫人也是崞县续氏，闺名戴月。徐继畬"读书颖悟，工属文，年十八补诸生，食饩，旋登嘉庆癸酉乡荐"。（《五台新志》）道光六年，徐继畬中进士，以《政在养民论》为朝考第一。次年，徐润第病逝，徐继畬返晋奔丧，奉讳在籍，介休士绅礼聘他任徐润第原就之教席。在此期间，他写有《尧都辨》一篇。尧之故都，历史有两说，一说在平阳，一说在太原。继畬详核考证，认为当在平阳。又写有《晋国初封考》两篇。班孟坚、郑康成等学者认为周成王初封叔虞于唐，其地在山西太原，后涉河东。徐继畬旁求博考，认为晋水即汾水，晋侯即唐侯，唐叔无初封太原之事。这些文章，显示了徐继畬早年即重视和喜好史地之学，他不囿于成见，敢于发前人所未发，这种治学的功力和精神，成为他后来写好《志略》的重要因素。

道光十年，徐继畬服阕晋京，授翰林院编修，随后升任陕西江南两道御史。在御史任内，徐继畬直言敢谏、持正不阿，曾弹劾忻州知州史梦蛟、保德知州林树云擅离职守，长驻省垣，钻营活动，贻误公事，反而得以升调；弹劾同州知府英文讳匿特大风灾，在颗粒无收的情况下，仍向百姓开征，以借机中饱私囊。徐继畬在奏疏中气愤地说：英文此举"下为贱民，上以敛怨，成何体统？安可姑容，应请饬下该抚，确查实情，从严参办，以纾民困，免生事端"。（《松龛先生奏疏》卷上《特参州县讳灾催征疏》）在《请整顿晋省吏治疏》《请除大臣回护调停积习疏》等奏疏中，徐继畬则痛陈官场时弊，提出整顿吏治的各项建议，体现了他对时事和民情的关心。

1836年7月，徐继畬上《政体宜崇简要疏》，针对"承平既久，庶务日繁。庶务繁则政令多，政令多则科条密，科条密则奉行渐不以实，而诸事习为具文"的弊病，强调为政宜崇简，一曰教令宜简，一曰条例宜简，一曰处分宜简，"以上三条，皆因其太繁者，而救之以简，简则重，繁则轻，简则实，繁则虚，万物之理，大抵皆然，其在治术，尤关至要"。此疏奏上，道光帝大为赏识，"因召对前席，与谈时事，至为流涕。继畬受宣宗知，自此始"。(《五台新志》)道光召见的次日，即授徐继畬广西浔州知府。11月，徐继畬偕续夫人及姊夫薄子农自京启程赴任。这是一次漫长而艰难的旅程。次年仲春，方抵桂林。徐继畬在浔州府任上时间很短，秋天，即调任福建延津邵道。11月，他自桂林起身，经湖南、江西赴闽。此距他离京，恰巧整整一年。

1838年仲春，徐继畬抵福建，从此在闽一住十四年，官至巡抚，度过了他一生最重要的时期。

当时，清王朝的东南海疆正为战争的阴云所笼罩。在鸦片问题上，清廷内部有主张严禁和弛禁两派，经过激烈争论，严禁派的主张得到舆论的广泛支持和道光帝的采纳，暂时取得胜利。道光帝决定派林则徐为钦差大臣，前往广东查禁鸦片，并令他节制广东水师，轰轰烈烈的禁烟运动开始了。林则徐采取严厉措施，取缔鸦片贸易，1839年6月3日，在虎门公开销毁鸦片20283箱。10月1日，英国决定出兵中国，随后爆发了英国对中国的侵略战争——鸦片战争。

对于英国的侵略，徐继畬和清廷抵抗派及爱国将士进行了坚决的抗击。1840年7月，英军进犯厦门。徐继畬刚调任汀漳龙道，驻漳州，距厦门仅七十里。他迅即调集民兵，扼守险固，修筑工事，用大木排堵塞镇门各港口。英军因厦门一带有备，便北上浙江，攻陷定海，并派船至天津，投书清政府，进行恫吓。妥协派趁机攻击抵抗派，道光帝倾向妥协，下令将邓廷桢、林则徐革职，派琦善为钦差大臣到广州议和。琦善屈辱卖国，一味妥协，仍未能消弭战争。1841年2月，英军攻占虎门，兵端再起，道光帝将琦善革职查办，一时又倾向抵抗。8月，厦门为英军攻陷，漳州民心惶骇，一日数惊，文武官员中，一些人将家眷偷送出城，百姓也多有逃亡之意。徐继畬竭力抚以镇静，誓以死守，调兵募勇，昼夜防守，人心方渐渐安定。在最紧张的时候，徐继畬曾"谓夫人曰：'城如不保，陈忠愍公（隋朝的陈启泰）祠内，吾尽节处也，卿且奈何？'夫人笑曰：'相从俱死耳，此事岂待商量！'"。(《徐氏本支叙传·续夫人传》) 英军驻厦门十余日，未攻漳州，而北上攻陷定海、镇海、宁波。徐继畬在写给友人的信中，曾谈及这段经历："一年以来，驰驱海岸，日不暇给，自厦门失守之后，则寝食不遑，心力交困，劳悴不堪言状。自念一介寒微，曾受知遇，当此危难之际，正当捐糜图报，逆夷叵测，事无了期。与此土为安危，与此城为存亡，以八字自坚曰：'竭力尽心，听天由命。'如是而已。"(《松龛先生文集》卷三《致赵盘文明经谢石珊孝廉书》) 表明了一个正直的知识分子在国家民族面临危难时舍生取义、以身殉国的决心。

1841年9月，徐继畬升任福建布政使，奉命移驻厦门，兼办通商事务。在此期间,他用五年的时间,撰写了《瀛环志略》。1847年,徐继畬又升任福建巡抚。1850年,福州发生了英人租屋事件;次年,徐继畬因《瀛环志略》的出版和租屋事件的处置,遭到弹劾,被召进京,降补太仆寺少卿。

徐继畬再度为京官。在太仆寺少卿任上,他曾上《三渐宜防疏》,一曰土木之渐,二曰宴安之渐,三曰壅蔽之渐。颇为新即位的咸丰帝赏识,特旨嘉奖,命书之屏风,置座右。1852年秋,徐继畬被任命为四川乡试正考官,这似乎预示着咸丰帝将重用他。正当他赴四川主持乡试时,又有人弹劾他在福建巡抚任内起解军台官犯何士邻迟延,徐继畬因此受到革职处分。四川乡试毕,未返京,即经由石家庄回归山西故里。徐继畬返晋时,太平天国运动已势如破竹,席卷清廷半壁江山。1853年,由太平军林凤祥、李开芳率领的北伐军,经由皖北入河南,在河南巩县附近强渡黄河,转入山西,攻陷了垣曲、绛县、曲沃、平阳等地,然后进入河北。山西一度吃紧,巡抚恒春命徐继畬带兵督办潞泽辽等处防务。徐继畬在上党地区停留了一年多。

从1856年开始,徐继畬受聘于平遥超山书院,度过了近十年的教书生涯。他在给友人的信中叙述这段生活时说:"两年来,从学渐多,遂以为专务,逐日丹铅狼藉,手不停挥,暇则流览古书,间作小诗自娱,打油钉铰,不复计其工拙也。弟今年六十有四,须发皓然,上齿全豁,常数月不出户庭,靴帽从不上头足,冬烘面目,已不刻画而自工矣。"(《松龛先生文集》卷三《覆吴思澄比部世兄书》)徐继畬在授课之余,写成了《两汉幽并凉三州今地考略》《五台新志》等著作。他对史地之学的兴趣,老而弥笃。

在生活上,徐继畬是清贫的,他居官多年,严于律己,以清廉著称。1843年,他初任福建布政使兼办通商事务,按旧例,初到任,福建的富商绅士赠给他番银四千元,合白银两千四百两,他谢却不收,后时有馈赠,他从不收受。外任十余年,家中并未购置田产。回乡时,他仅带有四川主考按常例应得的一点银子,在东冶镇购旱田十亩,作埋骨之用。徐继畬晚年的生活,全靠教书收入维持。1860年,清廷为镇压太平天国运动筹集军饷,下令督抚司道在籍之员,竭力捐输。徐继畬复信上司,自述其经济状况:"在平遥主讲五年,馆奉每岁二百四十金,不足供家中食,指祖遗微薄之产,年来折变供餐亦已殆尽。今欲勉竭些许,惟有将皮衣两箧尽行折变。然所值不过三百金,且旦夕未能出手。"(《松龛先生文集》卷三《致端五园廉访书》)一位曾历抚藩臬道的官员,离职后,以执教为业,所过生活如此清贫,是难能可贵和发人深省的。

1865年,清廷命徐继畬为总理各国事务衙门行走,并授太仆寺卿,后又任总管同文馆大臣。徐继畬乡居十余年后,再度晋京时已经七十一岁了。由于他过去的政绩和名声,以及《瀛环志略》的影响,各国使臣及同文馆的外国教习,对他都极其尊重。但徐继畬年老体弱,乡居多年,深感不适应当时的形势,也无法胜任繁重的工作,便一再以老病请求致仕。1869年,他获准再返故里,住五台县东冶镇东街。1873年秋,病逝,终年七十九岁。

抗英策略

1850年,徐继畬在福建巡抚任内,福州发生了英人租屋事件,徐继畬为此事件备受攻击。

租屋事件的大致情况如下。英国两名传教士要租用福州城内乌石山下神光寺两间房屋,按理说不应租给,因为福州于1844年开放后,官府曾与英领事李太郭有约定:"惟领事夷官准租住城内房屋,其余商夷俱遵条约住城外港口,并令将赁屋租约送地方官用印,不准私租。"(《松龛先生奏疏》卷上《报英人租住神光寺并采买台湾煤炭疏》)但侯官(福州古称侯官)知县兴廉"因勅办夷务之前任浙江宁绍台道鹿泽长,先经臣等委赴邵武府一带查办盐务出省,未能禀商,忆及上年曾有夷官租赁城内寺屋收存行李之案,误谓事同一律,即于租约内用印交给"。徐继畬查知后,令兴廉向英官员金执尔交涉,收回租约,令其在城外另行租赁。金执尔则以此事须请示在广州的英领事文翰再定为由，拖延时日，拒不搬出，引起福州士绅民众的不满。福州士绅仿照广东士绅缮写公启，交侯官知县致英人，要求两名传教士迅速搬出。书院生童也以神光寺为各生童会课之地，不容英人租住，在城内遍贴告示，并声称要聚众至寺内与英人讲理。金执尔则仍坚持等候文翰指示，要求侯官县保护。事态愈演愈烈。徐继畬认为："此次该夷之违约租房，固属理曲，而兴廉之误行用印，亦不得谓非差错。现在讲经夷人既已进屋居住，该翻译官金执尔又坚欲等候夷酋回文，再行定见，自须从缓设法，使之心愿情服，自行搬迁，方为正办，断不宜操之过急，致令别生枝节。"可见徐继畬的态度是，应该让英人搬出，但在具体处理上要审慎、稳妥。因为他考虑到，第一，鸦片战争刚刚结束，与列强的和约刚刚签订，清廷力求稳定局势，不愿再开边衅。而英国侵略者在广州入城问题上遭到失败后，并不甘心，北上上海投文，天津走诉，正在伺机寻衅再起事端，福州租屋事件如处理不慎，操之过急，就会别生枝节。第二，广州人民经过长期的反侵略斗争的锻炼，在斗争中形成了人数达十几万人的"社学"，其中基本群众是农民、城市手工业者和店员，爱国士绅则起组织领导作用。1849年，当英国侵略者以武力威胁要进广州城时，广州人民组织了十万人的武装，准备抵抗，社学群众也枕戈待旦，广州商人宣布断绝与外国的贸易。在群众的压力下，广东巡抚徐广缙拒绝英人入城，取得胜利。徐继畬认为，福州不具备广州那样的群众条件。因为在福州开放时,徐继畬与当时的巡抚刘韵珂就想抵制英领事李太郭入城居住,动员了福州绅民两百余人,联名递呈,反对李太郭入城;又约定在李入城之日,到南门外坚持力阻。但到李入城时,竟无一人出城阻挡。徐继畬又动员福州人民不与英人交易,开始情况还好,英国货物无人购买,但不日即有奸民向英人通风报信,谓洋货不能销售,不是百姓不买,而是官府不让百姓买。抵制洋货,也无成效。所以,徐继畬说:"福州民气孱弱,重利轻义,心志不齐,与广东情形迥不相埒。"因此,他认为,福州不宜采取像广州反入城斗争那种激烈的形式赶英人出城,而应采取较为缓和的形式挤英人出城。具体的办法是:一方面,由官府出面,与英人进行有理有节的交涉,在租约六个月期满时,不得延长,立即迁出;另一方面,由官府授意百姓,不去听经就医,房屋破漏,工匠不予修理,使租屋英人陷于孤立的境地,无法生活,无事可做,不得不迁出。所以,徐继畬说:"是臣等现办此事,虽不动声色,无非借民以拒夷,并未强民以从夷,有驱夷之实,而无驱夷之迹,不拂民之情,而可关夷之口。"(《松龛先生奏疏》卷上《复英夷租住寺屋实情并镇静筹办侦察谣言疏》)

徐继畬的态度受到以林则徐为首的福州部分士绅及在京的一些福州籍官员的激烈攻击。林则徐是1850年3月由云贵总督任上返回福州养病的。他对租屋事件,主张采取强硬的态度,发动群众,造成声势,驱逐英人出城;并主张筹集资金，招募兵勇，购置战船，巡防堵御，积极备战。在林则徐的支持下，福州绅士公开致函徐继畬，责问对英人租屋事件有何对策；翰林院侍读学士孙铭恩、工部给事中林扬祖、湖广道御史何冠英等则上书清廷，指责徐继畬"意存迁就""抚驭无方""袒护属员""徇庇汉奸"云云。一时间，"弹章迭上，万矢环攻"。(《松龛先生文集》卷三《复吴思澄比部世兄书》)上谕迭下，申饬责问，总督刘韵珂开始赞同徐继畬主张，后来见势不好，称病乞归。徐继畬则坚持己见，一一据实奏闻，毫不动摇。

徐继畬与林则徐在对外政策及对英人租屋事件的处置上是有分歧的。徐继畬不赞成采取强硬的态度，也不同意大张旗鼓地备战，认为这样只能是"我树召敌之形，即难保不生其尝敌之计"，主张"筹防堵之宜而不露防堵之迹"。(《松龛先生奏疏》卷上《再奉谕密防夷情疏》)所以他密令各营将检点火药炮位，暗中做好战争的准备，而绝不大事声张。

林则徐的主张，不失为抵抗派的强硬态度；而徐继畬的主张，是否就意味着妥协投降？显然不是，因为：第一，在对外政策的重大原则问题上，徐继畬的态度是明确的。他主张严禁鸦片，在鸦片战争中，积极投身抵抗侵略的斗争，并抱有视死如归的决心。在租屋事件中，他也主张英人应搬出城去。但在处理具体问题上，他主张审慎、稳妥，讲究策略，有理有利有节。他认为："善为治者，审其势之所趋，而徐为之图，则无决裂溃败之忧，而事以大定。"(《松龛先生文集》卷一《禁鸦片论》)例如在如何禁烟上，他有自己的主张。鸦片战争之后，他曾写有《禁鸦片论》一文，认为禁鸦片分"杜来源、绝兴贩、严吸食"三个方面，一般都把"杜来源"放在首位，即严厉禁止鸦片输入。经过鸦片战争，徐继畬感到从"杜来源"入手，效果不好。因为鸦片输入从康熙末年开始，经历了百余年，贸易规模由小而大，英国现已从中罗获金钱数千百万，是绝不甘心停止这种贸易的。也就是说，清初，对鸦片输入没有防微杜渐，现在大势已成，禁之太急，"则狼奔豕突，如今日之事"。所以禁烟应以"严吸食"为主，把禁烟的重点放在严禁臣民吸食鸦片上。严吸食时，"先贵而后贱，先富而后贫，先内而后外，先豪猾而后良弱。访其素行可诛，而兼有此病者，藉以锄莠，即藉以警众"。每年每县杀十余人，十年之间，能改则改，不改者或法办，或处决，没有人再吸食鸦片，鸦片的输入和贸易，无利可图，自然禁绝。徐继畬的主张，在当时的历史条件下，就像"杜来源"一样，也难以行通，但它仍不失为解决鸦片问题的一种办法，因此不能说徐继畬是反对禁烟的。同样，在处理租屋事件上，徐继畬主张审慎、稳妥，也不能因此说他是妥协投降。

　　第二，徐继畬是清廷官员中少数对世界形势有深刻了解的人，他并不低估侵略者的力量和反侵略斗争的艰巨性。在《志略》里，他曾述及早期殖民主义的侵略活动，由此，他当然能更深刻地理解中国面临的危险和困难。对于英国人,他就说他们"心计精密,作事坚忍,气豪胆壮,为欧罗巴诸国之冠"。在论及租屋事件时,徐继畬又说:"惟该夷作事最为坚忍,已发之端,从不肯轻易歇手。"(《松龛先生奏疏》卷下《揣度夷情密陈管见疏》)可见他是清楚地知道英国侵略者的"个性"的。面对这样的强敌,徐继畬主张既要斗争,又要"审时度势"、讲求策略,本是无可厚非的。

第三,徐继畬作为封疆大吏,不能只考虑一时一地,更要考虑清廷和国家的安危。清廷上谕指示他处理租屋事件的基本原则是:"不可致生夷衅,亦不可稍拂民情。总期民夷两安,方为不负疆寄。"(《清实录》道光三十年七月十八日上谕)因此,徐继畬也有他的苦衷。他在《复福州绅士神光寺夷人并无携械炮情事函》中说:"然国家之定和议,既出于不得已,则疆吏之办夷务,亦苦于无如何。"他要在上下左右各种压力和困难的夹缝中,寻求一条解决问题的道路。他既不能贸然前进,也不愿拱手退让,只能是坚定地缓缓前行。

1850年底,住在神光寺的两名英人终于在官府的一再催促下搬出,租约收回,租屋退出。至此,历时半年的租屋事件结束。

贡献与地位

鸦片战争标志着中国近代史的开端。此时的清王朝已经走过了它的鼎盛时期而开始衰落。乾隆末年以来，吏治日益败坏，财政支绌，军备废弛，国势衰微，土地兼并剧烈，阶级矛盾日趋尖锐。这时，西方资本主义又在强烈地冲击古老的中国社会。鸦片的大量输入和烟毒的泛滥，使中国的白银大量外流，人民的身心遭到摧残，军队和官僚更加腐败，加重了原已十分严重的社会危机。面对这样的现实，徐继畬向清廷屡上奏疏，提出了整顿吏治、慎用刑罚、政体崇简、杜绝奢靡、严禁鸦片等建议，言辞尖锐，慷慨激昂。他从翰林院编修直至成为掌管一方的督抚大臣，始终忠于职守、勤勤恳恳、清正廉明、严于律己。他既参加过抵抗外国侵略者的鸦片战争，也镇压过太平天国运动。他关心国家与民族的命运，着眼点是在维护清王朝的统治。

徐继畬的主要贡献，是他所写的巨著《瀛环志略》。该书对于中国人了解西方，认识世界，产生过巨大的影响。鸦片战争之后，中国社会的主要矛盾，除了原有的地主阶级和农民阶级的矛盾外，又加上了外国资本主义和中华民族之间的矛盾。中国闭关的大门被打开后，又面临着西方列强的侵略，清廷既要和他们进行武装斗争，也要和他们进行外交谈判，还要兼顾商业往来和文化交流。当时,清王朝对这种新的形势缺乏认识,朝野内外对世界形势和各国状况都缺乏了解,清廷中大多数人不敢面对现实,而是闭目塞听,死抱着传统的"天朝中心"观念,妄自尊大,他们对西方的无知已达到了极为愚昧可笑的地步。正如魏源所说,这些人"徒知侈张中华,未睹寰瀛之大"。(魏源《圣武记》)他们的愚昧无知和大权在握,是导致国家与民族陷入危难的重要原因。

然而,清廷中少数有识之士,敢于面对现实,他们感到了认识世界、研究世界的重要性,并希望在向西方学习的过程中,寻求到富国强兵、振兴民族的道路。著名的抵抗派领袖林则徐在广州期间,就组织力量,广为收集、整理、翻译西方书刊,编成《四洲志》一书。著名的思想家魏源在《四洲志》的基础上继续收集材料,编成《海国图志》。《图志》初版刻本五十卷,1847年刻本增订为六十卷,1852年又扩编为一百卷,刊于扬州。它是"亚洲第一部系统介绍世界地理的著作"。(《中国史纲要》第四册)徐继畬《志略》的出版,仅较《图志》初版迟六年。

从《志略》里,我们可以看出,徐继畬对世界史地的知识是极为渊博的。他的实事求是的治学态度,使他能够在一定程度上摆脱阶级的偏见,对世界形势有比较正确而深刻的认识,从而对世界各国情况的介绍比较全面、客观、真实。从他对英、美、法、德、俄诸国历史及政治制度的叙述中,我们还可以看出，徐继畬对当时西方国家政治制度的优越性已经有所认识，最明显的表现是，他对美国的联邦制度和总统选举制度极为赞赏，对美国独立战争的领袖和第一任总统华盛顿极为钦佩。他说："华盛顿，异人也。起事勇于胜、广，割据雄于曹、刘。既已提三尺剑，开疆万里，乃不僭位号，不传子孙，而创为推举之法，几于天下为公，骎骎乎三代之遗意。其治国崇让善俗，不尚武功，亦迥与诸国异。余尝见其画像，气貌雄毅绝伦。呜呼！可不谓人杰矣哉！"又说："米利坚合众国以为国，幅员万里，不设王侯之号，不循世及之规，公器付之公论，创古今未有之局，一何奇也。泰西古今人物，能不以华盛顿为称首哉？"1853年6月，浙江宁波府的耶稣会信徒，将《志略》中上述两段赞扬美国制度和华盛顿的文字，镌碑赠送美国首府华盛顿纪念碑，至今该碑仍砌于第十级内壁。它是中美两国人民友好的历史见证。

徐继畬对美国制度和华盛顿的赞扬，在清王朝专制主义统治的背景下，愈显远见卓识。当时，进步思想家魏源在《图志》中提倡"师夷之长技以制夷"，在思想界有广泛的影响。所谓"师夷之长技"，主要是指学习西方的先进技术，"船坚炮利"，希望以此改变中国积贫积弱的状况，从而战胜西方列强。而徐继畬则把注意力放在西方先进的政治制度上。事实上，中国落后的根源在极端专制集权的封建制度，西方的先进政治制度远比"船坚炮利"更为重要。徐继畬也许还没有明确认识到这些，但他注意到并说出了这一事实，在当时是振聋发聩的。

徐继畬的《志略》和魏源的《图志》都是出现于中国近代史开端时期的名著。对于那些最早向西方寻求救国真理的仁人志士来说，它们在启迪智慧、开阔视野、认识世界方面所起的作用和影响是不相上下的。所以著名的资产阶级革命家梁启超说："此两书在今日诚为刍狗，然中国士大夫之稍有世界地理知识，实自此始。"它们是中国知识分子认识世界的启蒙教科书。从世界史地专著的角度来看，《志略》比《图志》更为优秀。其一，《图志》卷首有"筹海篇"，卷末有"筹夷章条"等，书中多有分析鸦片战争的经验教训，探求富国强兵、抵御外侮的办法，阐述自己在外交政策上的主张等内容，因此，《图志》内容杂驳，并不纯属史地著作。《志略》则专述各国史地，条理清晰，详略有制，体裁较《图志》更为统一、纯正。其二，《图志》写作粗疏，错误之处不少，如将瑞士与瑞典混淆，《志略》则将《图志》的错误一一订正，内容更为系统。

徐继畬和他的《瀛环志略》将永远为人们所瞩目。

【破冰醒世】

一、《瀛环志略》概述

徐继畬至厦门就任福建布政使兼办通商事务之前,曾进京陛见。道光帝询及海外形势、各国风土人情,徐继畬在闽任职多年,就自己所知作了回答,道光帝命他写书进呈。这是他撰写《瀛环志略》的起因。

从 1842 年开始,徐继畬着手撰写《志略》,他的写作态度是极为认真的。一方面，广泛地收集中外文献资料。他向美国传教士雅裨理借到绘刻极细的世界地图册，钩摹十余幅，并请雅裨理翻译地名，因此得知各国名称。后来，属吏霍蓉生又购得更为详密的地图二册。徐继畲著书，即以地图为纲，依图立说。全书有总图两幅，各洲各国分图三十七幅。他还广为搜求西方人著汉文杂书及国内的有关著作，如顾亭林《天下郡国利病书》、谢清高《海录》、蔡廷兰《越南纪略》、邵星岩《薄海番域录》等，摘取有用资料，加以考证审核，取可信者写入书中。另一方面，他利用在厦门兼理通商事务，有较多接触外国人的机会，向他们询问各国情况，每有新闻，辄整理记录。他不仅向外国人了解情况，也向他能接触到的一切具有域外知识的官员、知识分子、水手等各阶层人士了解情况，把史籍上的记载和亲历者的见闻相互比较，详加校订，以求正确的知识。如南洋各岛，星罗棋布，数目繁多，大小不一，要叙述清楚很困难。他在讲到写作《南洋各岛》一卷时说："今就泰西人原图，博采诸家之说，又询之泰西人，及厦门曾历南洋之老舵师，参互考订，约略言之，不能保其无舛误也。"（卷二）对于写好的初稿，徐继畲则根据新获得的材料，反复修改，力求完善。到1848年，《志略》始在福建初次雕版印刷，全书十卷，分装六册。他在序言中写道，《志略》"采诸书之可信者，衍之为篇，久之积成卷帙。每得一书，或有新闻，辄窜改增补，稿凡数十易，自癸卯至今，五阅寒暑，公事之余，惟以此为消遣，未尝一日辍也"。

《志略》全书条理清晰、结构谨严、体例恰当。《志略》的开头，有一个关于地球的简短总叙，介绍了四大洲（亚细亚、欧罗巴、阿非利加、亚墨利加）和五大海（大洋海、大西洋海、印度海、北冰海、南冰海）的概况。当时，澳大利亚尚未被人认为是一"洲"，所以，放在亚细亚洲的南洋各岛中介绍。每洲之前，又有一简短概述，介绍该洲的地理位置及政治区划。接着分国叙说，各国之后，徐继畬自加按语，对前述内容加以详说。在取材上，徐继畬根据不同地区的具体情况有所详略。对于五印度（即今之南亚次大陆）及南洋诸岛国，徐继畬认为它们"汉以后，明以前，皆弱小番部，朝贡时通，今则胥变为欧罗巴诸国埔头，此古今一大变局故于此两地，言之较详"。日本、越南、缅甸诸国，历代史籍言之甚详，对其历史沿革便约略言之。欧洲、非洲、美洲诸国，过去不多见之史籍，则详加介绍。外国的人名、地名，当时的翻译没有统一的拼写法，同一名词，十人译之而十异，难以辨识。每一处地名，字数不多，又无文义可循，数名连写，则无法断读。为了便于读者阅读，徐继畬将译音异名，注于各国各地之下，又将地名人名旁用直线勾出，间加圈点，以醒眉目。这在当时也是一种创造。

由于徐继畬态度认真，掌握了大量的文献资料和口述资料，又经过严谨的研究，使《志略》的内容非常丰富，又具有较高的准确性。可以说，《志略》是当时关于世界史地知识学术水平最高的一部著作。《志略》的内容，大致可以归纳为以下几个方面：

破冰醒世 徐继畬

其一，关于世界各国地理概况的介绍。《志略》对世界各国和各地区的地理位置、疆域、政治区划、地理景观、气候物产、山脉河流、交通、城市都有简略的介绍。明清以来，由于长期实行闭关锁国的政策，朝野内外对世界的形势和各国情况都缺乏了解，世界地理知识甚为贫乏。例如当时一般人都认为，中国在世界的中央，向北逐渐寒冷，向南则越来越热。所以，当看到西洋人所绘地图在南极下面写着"南冰海"，连徐继畬这样有着很高文化水平的人，都认为西洋人不懂中文，写错了。他就此询问雅裨理，雅裨理作如下解释："日驭所行，乃地球正中之地，由闽广渡海而南，水程约五六千里，而至婆罗洲一带，乃正当赤道之下，其地隆冬如内地之夏初。然再南而至南黄道限之中，其气渐平，又再西南而至阿非利加之岌朴，则已见霜雪，又再西南而至南亚美利加之铁耳聂离，已近南黑道，则坚冰不解，当盛夏而寒栗，由此言之，南极之为冰海，又何疑乎？"（卷一）当时，南极洲尚未被发现，雅裨理介绍的地球概况和南极是一片冰海就是最新的地理知识了，徐继畬把它写入了《志略》。

《志略》对世界各国地理概况的介绍，文字生动，简明扼要，准确鲜明，给人以深刻的印象。例如对于西班牙，《志略》写道："国有大山数叠，皆自东而西，横亘如垣，画分三土，北土山岭错杂，溪涧交流，中多腴壤，便于农作。中土高广，天时炎燥，鱼水难得，民多以牧羊为业。南土山川秀发，风景清美，产各项果实，羊马驴骡皆良，胜于他国之产。"（卷七）对于埃及，《志略》写道:"纵横一千七百余里,地本砂碛,有尼罗河从南方发源,沿红海之西岸北流入地中海。两岸涂泥,淤为良田。河每岁一涨,且粪且溉,涨甚则灾,中则稳,故近河之地,阡陌云连,户口繁密。而距河稍远则平沙浩浩,旷无人烟,地少阴雨,沙漠薰灼,炎气逼人。"(卷八)短短数语,把不同国家的地理景观、山脉河流、气候物产都写得清清楚楚。

《志略》还介绍了世界各国的著名大城市。俄国的彼得堡"在尼瓦河口,近逼海港,西风起则水涌入城,街衢泛溢,城内多广厦杰构。王庭长四十五丈,阔三十八丈,金彩耀目,宏丽为西国之最"。(卷四)法国的巴黎,"建于塞纳河两岸,城垣方广,居民九十余万。王居殿阙巍峨,层楼复阁相望。文彩精丽,西土殆无其比。城外离宫别苑,历代陆续修建,凡数十处,其街衢盘绕环匝,列肆密如蜂房,往来者毂击肩摩,昼夜不绝。每岁京都所收税银计九百万两。欧罗巴都会之盛,推为第一"。(卷一)英国的伦敦,"殿阙巍峨,规模宏巨,离宫别苑,绵亘相属,文武百官之署,各有方位,街衢纵横穿贯,百货山积,……都中有保罗殿堂,又有两殿,祀西教名师,两殿营构最奇崛。有大书院曰屋度,文儒所萃。有大肆曰北明翰,铁工聚焉。城外内港通海口,浦头最大,每岁别国商船,来者千余,本国出入者三千余"。(卷七)这些描述,把彼得堡的辉煌,巴黎的繁华,伦敦的商业、工业和交通的发达,都写得简明准确,形象逼真。郭嵩焘在光绪二年出使英国时,曾给友人写信赞叹曰:"徐先生未历西土,所言乃确实如是，且早吾辈二十余年，非深识远谋加人一等者乎？"

对于中外典籍中的错误，徐继畲就其所知，加以驳正。顾亭林《天下郡国利病书》记述了明正德十二年佛郎机国（应为葡萄牙）对广东地区的侵扰和明军击败葡萄牙人的史实。书中写道："海道汪鋐……使善泅者入水，凿沉其舟，尽擒之，余乃遁去。"又说"佛郎机人好食小儿"云云。徐继畲指出，所谓"凿舟之役，事殊杳茫"。他曾就此事询问精通水战的提军窦升堂和守备吴金魁，他们均说不可能。事实上，当年汪鋐是以小舟载满枯柴，灌以油脂，点火后焚烧葡人大船而取胜的。徐继畲还指出，"至烹食小儿，非人类所为，……佛国之在西土称雄已千余年，果有此事，诸国当视为豺虎，谁甘以牛耳相让"。（卷七）徐继畲把佛郎机国误解为法国是因见闻的局限，但他以常理推断食小儿的不可能，却是正确的。

可见徐继畲的所闻、所见、所知，也是有限的，《志略》并不尽善尽美，也有错误之处。南怀仁在《宇内七大宏工记》中介绍了乐德岛上的铜人（即位于纽约港外的白德罗岛上的自由神像），继畲就不相信，他写道："建楼然灯，事本寻常，乃怀仁造为铜人之诞说，而云三十余丈，不知此铜人何由而铸，亦何由而立也，亦可谓荒唐之极矣。"（卷九）建造巨大的自由神像（高四十五点三米，重二百二十五吨），以当时西方的科学技术，是完全可以做到的，但生活在古老东方的徐继畲，则认为是不可能的荒唐事。这不仅反映了徐继畲的无知，也反映了中国科学技术的落后及对西方的缺乏了解。

其二，关于世界各国风俗民情、宗教信仰、历史文化及政治制度的介绍。徐继畬注意到各个国家的人种、民族不同，风俗民情亦各异。这些方面的知识，对于中国人与世界接触是很有必要和益处的。因此，他在《志略》里作了比较细致的介绍。例如讲到日本时，他写道：其人"好佛，敬祖先，得香花佳果，必供佛，或走献祖坟。俗尚洁，街衢时时扫涤。男女皆大领阔袖，女加长以曳地，绘染花卉，裈裹帛幅，著短袜，曳丝履。男髭须而剃顶额，留鬓发至脑后，阔寸余，绾为髻，发长者翦之。女多美发，日洗涤，薰以楠沈，前后挽髻，插玳瑁簪，其男女眉目肌理，仿佛华土，信东方秀气之所钟也"。（卷一）对日本民族的风俗、服饰，甚至发型都做了生动的描绘。徐继畬不仅对各国的风俗民情有具体的介绍，而且他力求从整体上去认识各国的国民性格。他认为，法国"民俗豪侠自喜，气高亢，终日歌舞无戚容，贵贱皆衣裳都丽，不惜费，喜郊游，善遇远人"。（卷七）英国人"心计精密，作事坚忍，气豪胆壮，为欧罗巴诸国之冠"。（卷七）美国人"皆流寓，欧罗巴各国人皆有之，而英吉利、荷兰、佛郎西为多。三国之中，英吉利又居大半，故语言文字与英同其制……其人驯良温厚，无鸷悍之气，谋生最笃，商舶通行四海"。（卷九）徐继畬的这些述评未必完全正确，但反映了他力求不带民族偏见，不带盲目排外的情绪，客观地认识世界各国人民的态度，在封建专制制度下，这种努力是可贵的，他的认识对后世是有巨大影响的。

《志略》对世界各主要国家的历史和重大历史事件都作了简略的介绍。例如，他写法国的历史，说到拿破仑"嘉庆八（九）年，国人推戴即王位，恃其武略，欲混一土宇，继罗马之迹。灭荷兰，废西班牙……战胜攻取，所向无敌，诸国畏之如虎。嘉庆十六（七）年，以大兵伐峨罗斯，围其旧都墨斯科，峨人烧之而走。佛方旋师，而天骤寒，军士冻死者十七八。诸国乘其敝也，合力攻之，佛师大败，故所得土全失"。（卷七）对拿破仑的兴起和衰落做了大体上客观、准确而又扼要的记叙。此外，徐继畬还写了英、法、俄等国的历史，以及发生于公元前五世纪的希波战争、华盛顿领导下的美国独立战争等等。这些介绍，有些过于简略，也难免有误，但在当时中国却是关于世界历史的最新知识。

特别应该指出的是，徐继畬在《志略》里着重介绍了英美等国先进的政治制度。对于英国两院制的构成、行政程序及职责，他写道："都城有公会所，内分两所，一曰爵房，一曰乡绅房。爵房者，有爵位贵人及耶稣教师处之。乡绅房者，由庶民推择有才识学术者处之。国有大事，王谕相，相告爵房，聚众公议，参以条例，决其可否。复转告乡绅房，必乡绅大众允诺而后行，否则寝其事勿论。其民间有利病欲兴除者，先陈说于乡绅房，乡绅酌核上之爵房，爵房酌议，可行则上之相，以闻于王，否则报罢……大约刑赏征伐条例诸事，有爵者主议。增减课税，筹办帑饷，则全由乡绅主议。此制欧罗巴诸国皆从同，不独英吉利也。"

(卷七)对于美国的联邦制和总统选举制,他写道:"仍各部之旧,分建为国。每国正统领一,副统领佐之,以四年为任满,集部众议之。众皆曰贤,则再留四年,否则推其副者为正。副或不协人望,则别行推择乡邑之长,各以所推,书姓名投匦中,毕则启匦,视所推独多者立之。或官吏,或庶民,不拘资格。退位之统领,依然与齐民齿,无所异也。各国正统领之中,又推一总统领,专主会盟战伐之事,各国皆听命。其推择之法,与推择各国统领同。"(卷九)徐继畬极为赞赏美国的总统选举制,他认为华盛顿有开国之功,但"不僭位号,不传子孙,而创为推举之法,几于天下为公,骎骎乎三代之遗意"。(卷九)向几千年来一直采用封建君主专制制度的中国社会介绍和赞扬英、美资本主义国家先进的政治制度,无疑是大胆和勇敢的。

其三,关于早期殖民主义侵略活动的记述。徐继畬生活的时代,正是资本主义列强大肆瓜分殖民地的时代。列强正在用大炮和兵舰叩打古老中国的大门,大清帝国和中华民族遭受着严重的威胁。列强的殖民侵略活动引起了愈来愈多的有识之士的关注。徐继畬在《志略》里用相当多的篇幅记述了早期殖民主义的侵略活动:西班牙于"明弘治初年,遣其臣哥仑(即哥伦布)驾巨舰裹粮探之,果得亚墨利加之可仑比亚。驱逐土番,徙国人实其地,渐拓而南北……嘉靖年间,复遣其臣米牙兰(即麦哲伦)航海东来,至亚细亚东南洋之吕宋,据其海口,建设埠头,帆樯凑集,百货流通,由此更益富饶";(卷七)葡萄牙国王则"遣善操舟者驾巨舰南行，由亚非利加之西境，转而东历亚非利加东境，抵五印度之西境，复转而东至麻喇甲。又从苏门答腊，噶罗巴（即爪哇）之海峡，遍历东南洋诸岛国"。（卷七）葡萄牙、西班牙是最早进行殖民活动的国家，《志略》记载了他们开辟新航路、发现新大陆的活动。继葡萄牙、西班牙之后，荷兰、英国、法国、比利时以及独立后的美国等资本主义国家都加入了掠夺殖民地的行列。

资本主义原始积累的历史，是一部用血与火写成的历史，殖民主义者交替使用血腥屠杀和无耻欺骗的手段来掠夺殖民地，徐继畬在《志略》里如实地记录了他们罪恶活动的历史。在叙述荷兰对爪哇岛的占领时，《志略》写道，荷兰人先对岛上万丹王国国王"饵以卑辞厚币，借海岸片土，又以立木栅蔽内外为请，绕阿（即万丹国王）贪利从之，遂袭破万丹"。（卷三）在叙述英国对印度的占领时，《志略》写道："英吉利渐于各海口建立炮台，调设兵戍，养锐蓄谋，待时而动。迨孟加拉一发难端，遂以全力进攻诸蛮部，连鸡栖桀，等于拉朽折枯，五印度诸部夷灭者十之八九。"（卷三）英国殖民者用大炮和快枪，血腥地镇压了印度人民的反抗，从而在印度建立了殖民统治。

对于殖民主义者侵略活动的目的，徐继畬有较深刻的认识。他指出："欧罗巴诸国，皆好航海立埠头，远者或数万里，非好勤远略也。彼以商贾为本，计得一埠头，则擅其利权而归于我。"（卷六）即殖民侵略的目的在于掠夺财富，资本主义列强从殖民地掠夺的巨额财富，加速了他们自身原始资本的积累。徐继畲说："英吉利复然三岛，不过西海一卷石……即使尽为沃土，而地力之产能几何？所以骤致富强，纵横于数万里外者，由于西得亚墨利加，东得印度诸部也。"（卷七）这样的分析，在当时的历史条件下，是极其难能可贵的。这反映了徐继畲对世界的形势有深刻的了解。正因为对殖民地的掠夺能够给他们带来巨额的财富，列强之间就必然会为争夺殖民地而进行激烈的斗争，以致兵戎相见。《志略》在这方面也有充分的记述。西、葡是最早的殖民者，以后荷兰人开始和他们争夺殖民地，再后来，英国、法国、比利时等崛起。后来英国成为其中最强大的国家。它不断掠夺新的殖民地，也不断抢占已经属于别国的殖民地，如英国趁拿破仑在欧洲横行、征服荷兰之机，抢夺了荷兰人控制的爪哇（噶罗巴）。《志略》写道："嘉庆十四年秋，（英）以舟师逼巴城，荷兰酋坚守不下，逾年复往，以天炮环攻，荷兰酋遁去，地遂为英所有。"（卷二）拿破仑失败后，荷兰重新独立，为了利用荷兰牵制法国，英国将爪哇岛还给荷兰，"然英船视巴地为东道主，荷兰不敢忤也"。（卷二）列强在争夺殖民地中是既有斗争又有勾结的。

  资本主义列强掠夺殖民地的残暴行为，往往会激起当地人民的反抗。1578 年，西班牙人企图用武力夺取菲律宾的苏禄岛，就遭到苏禄人民的顽强抗击，西班牙人始终未能占领苏禄岛。徐继畲在《志略》里热情地赞扬了苏禄人民的反抗斗争，他说："当

西班牙、荷兰虎视南洋，诸番国咸遭吞噬。苏禄以拳石小岛，奋力抗拒，数百年来，安然自保，殆番族之能自强者哉！"（卷二）

其四，关于中国和世界各国交往的历史及早期殖民主义者对中国的侵略。《志略》在写欧洲、非洲，及东南亚、南洋各岛等地国家的历史时，都注意到其与中国交往的历史。《志略》还记述了华侨在南洋各岛的活动，例如在吕宋（即今菲律宾），早在明代"华人贩吕宋既伙，留居涧内，名压冬，积至数万人"。（卷二）在爪哇（即今印度尼西亚），"自明初迄今四百余载，闽广之人留寓者生齿日繁"，"富商大贾获利无穷"。（卷二）"噶罗巴，漳泉之人最多，有数世不回中华者，语番语，衣番衣，食番食，读番书。""不屑为爪亚，而自号曰息垄，其寄居未久，及时往来者，服食语言仍华俗。和兰专设甲必丹，以理华民。为甲必丹者，皆漳泉人，或以此致富，满载归来不复往。"（卷二）可见华侨对开发南洋是有贡献的，而荷兰人对他们和当地人则分别设官管理。

《志略》记述了早期殖民主义者对中国的侵略。"明正德十二年，西海夷人佛郎机亦称朝贡，突入东莞县，大铳迅烈，震骇远迩，残掠甚至，炙食小儿。海道奉命诛逐，乃出境。"（卷七）徐继畬正确指出，这次葡萄牙人对广东的入侵，"是为大西洋抵粤东之始"。（卷七）《志略》还记述了葡萄牙人对澳门的蚕食和对台湾的占领，以及郑成功父子对荷兰人的抗击和收复台湾的业绩。《志略》写道："先是，郑芝龙受抚后，尝以小舟焚荷兰三艘，厥后，成功扼之于台湾，几致片帆不返。以彼横肆如鲸鲵，遇郑氏父子而弱焉,亦足为远夷侵凌中国之炯戒矣。"(卷六)徐继畬认为,只要敢于斗争,强大的敌人就会变得弱小,郑成功父子的英雄事迹,大长了中国的国威。

《志略》于1848年在厦门雕版印刷,"甫经付梓,即腾谤议"。(《徐松龛文集》卷三《覆吴思澄比部世兄书》)一是指责《志略》颂扬华盛顿和美国联邦共和制度,二是指责《志略》说日尔曼人"聪明阔达,西土以为贵种,……诸国每遭丧乱,辄招致日尔曼列侯或世子为王,大国如英吉利,小国如比利时、希腊皆是也。殆西土王气之所钟欤"。(卷五)攻击者将"西土"二字删去,欲罗织罪名于徐继畬。因此,初版之后,即封存库中,再未印行。直至1865年徐继畬出任总理各国事务衙门行走时,才得再次刻印。此后,《志略》一再翻印,风行一时。当清廷封存《志略》初刻版后,日本获得此书,于1859年翻刻出版。1861年再次翻印,并于正文两边,凡名词皆注英、日文。《志略》在日本的传播,对于1868年发生的明治维新运动产生了积极的影响。

二、五台徐氏

五台东冶地区，自中国近代以来，人才辈出，而尤以徐氏家族突出。文有清朝道光年间"朝考第一"，官至福建巡抚、闽浙总督，同治年间又为总理各国事务衙门行走、同文馆总管，以其著作《瀛环志略》享誉世界的徐继畬；武有对中国共产党领导的革命斗争做出了伟大历史贡献的共和国元帅徐向前。

更令人惊讶的是，与五台徐家有亲姻关系或接受过徐家熏陶教诲，成就大业的也大有人在。

其中有徐家的"乘龙快婿"、统治过山西近四十年的阎锡山，有徐家的老表亲、为抗日战争做出了特别贡献的续范亭将军，有徐家的得意门生弟子、对中国革命和建设事业做出伟大贡献的共和国副总理薄一波。这些人物，都在中国历史上各有其浓墨重彩的一页。

而提到五台徐氏，就不能不提其祖茔和宗祠。

徐氏祖茔和徐氏宗祠坐落在五台县西南边陲的大建安村。村南老围山下，南高北低，土墙环围，有坟墓三十六座，茔门朝北，皆设石桌。最南一墓为始祖墓，立碑楼一座，碑有"始祖徐才甫暨阎氏之墓"阴刻文字，系清朝雍正四年立。才甫公为人，以重品德而立人生之基，重家教而创传世之业，讲诚信而为处人之道，求智慧而为行世之宝，赢得了乡人的尊重。传至四世，有昆仲三人。以后传人分为十股。

徐氏祖茔立石有二，一为清雍正四年百川公墓表记，一为清光绪六年修墓碑记。20世纪六七十年代，徐氏祖茔遭毁，立石被搬移，石桌被运走，坟墓被推平，围墙被拆毁。1991年，徐氏宗祠管理委员会成立，祖茔得以修复。2000年，重又立石。从碑文可知，五台建安徐氏至今已传三十六世，名人辈出。明代便有二股八世孙徐光澄官任明威将军，镇守宁夏陕西边境。二股十五世孙徐继畬、三股十九世孙徐向前，众所周知，均为中华民族的伟大复兴做出了重大贡献。

这里还需特别指出的是徐氏大股十九世孙徐一敬、徐一清、徐一鉴三昆仲。徐一敬为阎锡山之岳丈，辉煌荣耀自不必说。徐一清二十三岁举秀才，1904年留学日本，与同窗好友赵戴文同时加入同盟会参与反清革命活动，归国后参加辛亥革命。1917年起先后任陆军粮服总局局长、山西省银行总经理、山西营业公社董事等职，走上实业救国之路。阎、冯反蒋期间，又任中国国家银行总经理，后又主持世界红十字会西北行主院公务，并在太原、大建安村搞过一些慈善活动，开办同生纺织厂，将所获利润全部用来做村中学校经费和救济贫民。他生平笃信佛学，施舍大方。为建立和发展山西乃至华北的近代工业做出了不可磨灭的贡献。1947年在太原病故，终年七十八岁。其孙徐寿灵，改名余从，系中共党员，曾任中华人民共和国文化部艺术研究院戏曲研究所副所长。

徐一鉴为清末秀才，先后任崞县第一高小、宏道川路学校、河边小学校长。1919年在太原国民师范任教后，被省政府聘为该校学监总干事代理校务，同时兼任政法专门管理学校教员。徐一鉴可谓桃李满天下，学生中有成就者不少，徐向前、薄一波等均为其得意门生。1926年后，他又先后任山西公报经理兼山西官书局主任、山西日报社经理。1936年任省政府秘书。1937年七七事变后，身染沉疴，归里养病，于1940年病逝，享年六十七岁。其三子徐士瑚留学英法，学有所成，曾任山西大学校长多年，后到北方交通大学（今北京交通大学）任教授，著作等身，为全国第六届政协委员。

徐氏宗祠始建于清同治年间。因徐氏十五世孙徐继畲官职显赫，清廷特许建造，后毁于兵变。

1928年，徐氏族人始议修复宗祠，至1934年修复告竣。其祠占地二点五亩，坐北朝南，正门上悬匾"徐氏宗祠"；门厅三楹，侧厦各立碑石两甬，所志徐氏祖源及百川公十股传人功德。正门南对大照壁，长九点四米、高六点七米，砖雕壁顶，壁四角和壁中心均有砖雕瑞草祥花图案，整体坚固美观大方，一展民国建筑特色与风采。宗祠东西两面青砖砌墙，居中各有木雕古牌楼对称，两栅门相对，内外牌匾各有木刻阳文草书"追远""报本"等字样，笔力矫健、潇洒，皆为当时省府教谕柯璜手迹。正门院内东西两侧皆竖旗杆，两石狮对峙，并植古柏四株，以显清雅。正门两旁东西厢房砖碹门上各有砖雕门匾，分别刻有繁体阳文"耕读""传家"。此为南院。二门向北即为北院，正迎七间一排大厅，前起抱厦三楹，古瓦盖顶，脊瓴蛟龙高卧，飞檐翘角，凸显庙貌尊严。正厅门悬匾"祖德宗功"，字体浑厚大方古朴，与正门门匾"徐氏宗祠"均为当时书法大家赵昌燮所书。旁开两柱悬挂拱形木刻黑底金字楹联："祠宇尊崇缉缉螽斯食先德，声灵赫濯绵绵瓜瓞启后昆"，为其族人徐宝瑞所书。正厅内陈列宗祖牌位、家谱，左首山墙贴有十五世孙徐继畲和十九世孙徐向前像，配有彪炳其伟大功绩之联文。其联一曰："继畲瀛环东西全球通文馆总理宫廷行变革，向前兵法四方五中生国家元帅乱里树新功。"联二曰："纹山钟灵昔有松龛今有向前，沱水毓秀文出翰林武出元戎。"后墙上另有徐一清、徐一鉴像及生平事迹介绍。徐一鉴像两旁还有其学生徐向前、薄一波的亲笔题词。徐向前题词:"纪念徐一鉴先生:一生从事教育,培育人才不少。徐向前题,1988年5月"。薄一波题词:"淡于名利,热心教育。为纪念一鉴恩师敬书,薄一波,1990年"。这是对徐一鉴先生的评价和缅怀。另有同治皇帝所赐徐继畬的半副銮驾也在其中。徐家娶媳嫁女多用此銮驾开道,以示祖宗庇荫和荣耀。

纵观中国历史,自明代移民以来,某一姓氏家族偶尔出一两个人物并不鲜见,但如五台徐氏家族接连不断出现显赫人物或时代弄潮儿的却是少有。这与徐家五百余年耕读传家,以忠孝节义仁信廉耻为立世之根本密不可分。

【附】

五台徐氏修墓碑记

山右徐生耘田,抱其先世墓图谒予于京师,再拜而请曰:"耘田先世,山西马邑人也。始祖才甫公迁五台县之建安村,二世祖讳友谅,三世祖讳义。义祖生三子,曰文厚,曰文达,曰文源。文源公幼失怙,将依两兄;两兄绝爱怜之,恐嫂氏鞠养不谨,相与抱持,至田间,一人负耒耜牵牛耕,一人留与护视,更代以为常。以饮以食,以至于成立。故文源公临终嘱子孙,世世以无忘两祖德。迄今两祖后裔有急难,族中人奔走唯恐后。盖服念文源公遗言,五百年未敢忘也。文源公生子有九人,后益繁衍昌炽,科第仕宦,簪缨不绝。其枝分而散处者，本县数十村，别府州县，不能悉举；而皆以建安村为星宿海。五世以前，皆葬于建安村之原行营高敞地，袤广数十亩，堑而藩之，樵采不侵。年代辽远，风雨飘荡，狐狸拱穴，后世子孙尽焉心伤，不呼而集，不鼓而作，筑之登登，封之若斧，环之若囷，翼之若庑，涂之若户，旬而毕功，而后可以妥吾祖。先生为我记之！"

余叹曰："修墓非古也，然而圣人所不废也！昔者防墓崩，夫子隐痛之矣，而曰：古不修墓，夫亦谋之欲其豫，筑之欲其固，以勿之有毁焉。尔非谓任其颓且废，而弗为之所也。余惟周礼：冢人墓，大夫之职。辨其兆域，掌其禁令，正其度数，使之昭穆有序，尊卑有等，亲疏如戚，稽远如近，以油然生其仁孝之心，而懔然识夫敬宗尊祖之分。若徐氏者，其亦亡于礼之礼也已！虽然，晋王览祗事，其兄卒，有后于晋，故过江，王氏皆览后。今徐之先人垂友恭之训，而其子孙世世守之，以睦宗收族，事亡追远，不敢有怠志。其繁衍昌炽，科第仕宦，簪缨不绝，有以哉！或曰：五台之峰，演迤腾伏，灵孕秀渿而萃于徐氏之墓。余曰：壮德不壮地。"

徐生归，其以余之言，表而揭诸其墓之右。

赐进士出生诰授奉政大夫翰林院编修国史馆撰修同治癸酉科山西乡试正考官加四级黄岗洪良品撰

十八世孙学诗沐手敬书

（以上碑刻出自《五台徐氏家史文化集萃》）

三、朝考第一

除了专业的研究文章外,许多写徐继畬的文章在提到"朝元"二字时,往往语焉不详,或者一笔带过,或者进行其他类型的叙述演绎,大都说不出它的具体含义来。其实,所谓"朝元",就是朝考第一名。

清代新科进士取得出身后,由礼部以名册送翰林院掌院学士,奏请皇帝，再试于保和殿，并特派大臣阅卷，称为朝考。考试以诗文四六各体出题，视其所能。考试后，按朝考成绩，结合殿试与复试名次，择其最优者选为庶吉士，其余用为主事、中书、知县等职。

商衍鎏《清代科举考试述录》记载："殿试传胪后三日，于保和殿举行进士朝考，专为选庶吉士而设。"又载："朝考题目，雍正五年，定为诏、论、奏议各一篇；乾隆十六年，为论、奏议、诗、赋各一篇。""三十六年，定诗止作一首，不准多作。""嘉庆二十年后，均以论、疏、诗三项命题。光绪二十七年，废试帖诗，论、疏如旧。""派亲王监场，御史弥封。钦派阅卷大臣评定试卷，分列一、二、三等，将前十名卷进呈，送军机处请旨。""一等第一名为朝元。"

徐继畬是道光六年第二甲八十名赐进士出身，也是那一次朝考的第一名，所以称"朝元"。

清代俗称"非进士不入翰林，非翰林不入内阁"。

徐继畬以《政在养民论》一文精辟论述了自己对朝政的思考，耸动当朝，并受到道光皇帝的召见，从此踏上了仕途。

我们也可以再补叙一下中国古代的科举制度，再往前看一下徐继畬在考中进士之前的经历。

明清的科举考试制度，分乡试、会试和殿试三级。童生（即未入学的士子）先参加州县级的考试，及格的称作"秀才"或"生员"，进入府州县学读书。学习成绩优秀的学生，被定为"科举生员"，才能参加省级的考试，即乡试。乡试每三年一次，乡试考中的称"举人"，取得参加中央一级的会试的资格。会试在乡试的第二年举行。会试及格者，再经过一次复试，地点在皇帝的殿廷，叫作廷试，亦称殿试。考中的分为三甲（等），一甲只取三名，分别叫状元、榜眼、探花，统称"进士及第"；二甲若干名，称"赐进士出身"；三甲若干名，称"赐同进士出身"。当时，民间称乡试第一名为"解元"，会试第一名为"会元"。乡试由布政使司主持，会试由礼部主持。凡考中进士的，统统被任命为官员。一般来说，状元授翰林院修撰，榜眼、探花授翰林院编修，二三甲考选为庶吉士，也是翰林院官员，其他或授给事、御史、主事，或授府推官、知县等。未考中的举人，只授小京官或外地教职。

徐继畬于嘉庆十七年十七岁时应县试，为第一名；十八年秋，应山西乡试，为第四名；后来直到道光六年丙戌科殿试，中式二甲第八十名；在随后有二百六十五人参加的朝考中，入馆选者五十一名，山西籍唯有徐继畬一人，并力拔头筹，成为朝元。

在徐继畬的出生地五台县东冶镇东街村，一条幽深的小巷尽头，便是世代簪缨的徐氏老宅。而在巷口的门额位置，赫然在目的三个字便是"朝元巷"。

在巷口右侧，一块破旧的木牌子上写着"徐继畬故居筹备处"，斑驳陆离，据说已悬挂了二十余年。

我们终须期待，一个如此厚重的历史人物，必将得到越来越多后人的景仰和铭记。如此,方不负"朝元",彰显今人之作为。

四、徐继畬与林则徐

　　跨出自家门槛，再跨入林家门槛——徐继畬辗转反侧于这个简单的问题。终于趁着一次给林则徐传旨的机会，徐继畬让人捎过信去，愿登门拜访，消除前嫌。

　　徐继畬要解释的是自己身为巡抚，在神光寺事件的处置方法上并无不妥。1850年5月，两个英国人进了福州城，在乌石山神光寺租下了几间房屋，签约半年。侯官知县兴廉或许根本都没看过中英相关条约里的规定，就在租约上盖了章。外国人住进来，百姓起了哄。徐继畬发觉不妥，就让县令上山劝说英人搬走，可是人家住下了就没打算离开，逼急了就以此事要经香港总督文翰批复处理为理由，将租住这样的小事上升到国家关系。这个麻烦惹大了，当地士绅们也来了劲，写了一封《致英吉利夷官公信》抗议，城内书院的学生们也加入了这个行列。

正巧也在5月，林则徐从外省卸任返回故里，他鼓动当地士绅撰写公启，质问县令，并上书巡抚，要求效法广州，成立民团，直接赶走两个英国人。林则徐的推波助澜，让徐继畬很是紧张，生怕民情过激，生出国际事件，就派兵到神光寺，增设了几个岗位。徐继畬的主张是走外交途径，避免从民间对抗升级到国家对抗。然而，他将洋人与民众隔离的做法，又激起更大的社会情绪。林则徐一连提出十二个问题质问徐继畬，并表示，如果因此发生战争，自己也将以老迈之躯挺身而出。林则徐这么做，等于是在家乡父老面前显示：我是强硬派，徐继畬是投降派。

徐继畬与林则徐第一次见面的情景，文献没有记述。林则徐告老还乡回到福州，作为地方最高行政长官的徐继畬无论从哪个方面看，都要亲自接待，为之洗尘。因为在他们见面之前，其经历有太多的叠加之处。仅从喜好、言行来看，他们应该视对方为同道、知己才对。

徐继畬比林则徐小十岁，两人的经历颇多相似，都是进士出身，入过翰林院，在各地任职都博得好名声，都官至巡抚总督，且拿手外交事务。1840年，林则徐去广东焚烧鸦片，徐继畬入福建署汀漳龙道，驻守漳州，他们面对的是同一个海上劲敌。林则徐被贬后，徐继畬到广州担任盐运使、按察使。

他们都是在客乡为官的人，生活在别处，交集也在别处。政务之外，两人都不约而同地注目于世界。在广州的林则徐命人编译了《世界地理大全》，集成了《四洲志》。在厦门的徐继畬开始撰写《瀛环志略》。1841年，林则徐被贬谪，途经镇江，遇见魏源，交谈了一天，林则徐欣然把还未刻印的《四洲志》书稿留给魏源，希望他编撰《海国图志》。一年后，此书五十卷刻印于扬州。1848年，魏源又增补到六十卷本。同年，徐继畬完成了十四余万字的《瀛环志略》并将之付印。后来，《海国图志》增扩到一百卷，其中就有从《瀛环志略》中辑录的四万余字。林则徐、魏源、徐继畬三人，各自做着同一件能够改变国家观念的事。

信使一去，徐继畬在等待中想着他们之间的交集，感到莫名的欣喜。他们都是学问之人，林则徐的"云左山房"在林宅的第三井二楼，后人称此藏书楼为"七十二峰楼"，门口有一副自撰的对联："师友肯临容膝地，儿孙莫负等身书。"可见对于学问传道，林则徐是谦虚而认真的。徐继畬希望登上七十二峰，在渐入暮年时还能扎在书堆里，谈古论今，捭阖中西。放下官架子，他们都是书生。这年徐五十五岁，林六十五岁，但徐丝毫不减当年的书生意气，这也是令徐继畬一直感到不安的缘故。

现在，当地最有威望的人是林则徐，而最高行政长官是徐继畬。按照清律，官员退休后不得干涉当地政务，但林则徐不顾政治风险，大声疾呼。而徐继畬却坚持己见，同样置自身安危于不顾。当地人认为，两人的性格差异造成了对立。而在京城，官员们只是把他们两人的争执当作权力的前沿之争。1850年春，咸丰继位，他要做出比道光强硬的事情，因此，有传言曾经的强硬派要被重新起用，福州的风声则清晰得多，那就是林则徐可能要进京。另一方面，温和派失去了话语权，徐继畬的老师们有的已靠边站。所以，两人因神光寺事件而产生的矛盾，根源在紫禁城。

时辰一过，信使回府，答复说，林大人疝气未痊，不见巡抚大人。

徐继畬感到很意外。疝是什么病？内经说，肝脉大急沉，皆为疝。中医认为是体质虚弱，中气不足，导致气血不畅，器官移位。简而言之，身体里的一部分组织器官站错了队，去了它不应该去的地方。书生意气的林则徐婉拒了徐继畬的好意，用了错位的理由。

见面之前

林则徐说，即便开战，自己病身也能杀敌。可徐继畬要面谈，林则徐却以病拒见。

徐继畬的官帽有了一颗红珊瑚，是在1846年，作为全国十五名巡抚之一,他出任福建巡抚并兼办通商事务。三十一岁进翰林院,四十一岁开始辗转各地为官,五十一岁出任福建巡抚,十年晋升六级,徐继畬被誉为政治新星,后来给清朝"开天窗",接纳世界风气,恐怕连徐继畬自己当时也想象不到。

一个从五台县走出来的山西人,接连在两广与福建任职,他必然要冲破诸多障碍,比如语言,粤语、白话、客家话、闽南话、福州话,尤其是英语。他要超越这些天然的障碍才能通透地了解沿海,继而对蓝色的海洋之外的世界感兴趣。与同朝官员不同,徐继畬能够主动与外交官、传教士、海员、商人交流,是他们最先打开了徐继畬脑子里的"通气口"。

徐继畬后来在《瀛环志略》的序文中写道:"道光癸卯冬,余以通商事久驻厦门。米利坚人雅裨理者,西土淹博之士,挟有海图册子,镂板极工,注小字细如毛发,惜不能辨其文也。暇日引与昭谈,四海地形,得其大致。就其图摹取二十余幅,缀之以说,说多得之雅裨理。参以陈资斋《海国闻见录》、七椿园《西域闻见录》、王柳谷《海岛逸志》、泰西人《高厚蒙求》诸书,题曰《瀛环志略》。"

这个雅裨理是美国传教士兼旅行家,他将大量的西方地理文献送给徐继畬,他们经常彻夜交谈。徐继畬写成这部书,是对中国文明发展的莫大贡献。当时就有名士慨叹不已:内感于时变,外切于边防,隐愤抑郁,而有是书。后来的郭嵩焘出使英国,每到一处,都要对照《瀛环志略》。梁启超也说,中国士大夫之稍有世界地理智识（知识），实自此始。

其实，北方人徐继畬也是渐渐融入南方的。政治与生活，很难分割。一年四季，湿热酷暑加上台风时常袭来，有时像是生活在蒸笼里，有时积蓄着莫大的烦恼，可是台风一来，似乎统统又被刮掉。在徐继畬当上巡抚的那年，据说连下百天春雨，潮湿无比，可是到了六月末，却炎热至极，妻子突然病故。官场得意并不能遮挡生活的不幸。原本他已与妻子商量好，送她回山西五台老家休养，后因一些事情耽搁未能成行，却意外命丧他乡。

病不由人，通常久病之人，总会有生死之忧。林则徐在生命结束前的一年，就感到心力交瘁，他说："喘咳、气逆及鼻衄诸疾，较前瘥减，惟疝气下坠，不独拜跪之难，并行坐亦不能自适，时时作痛。"1849年秋天，他终于获得了道光皇帝的恩准，放下了云贵总督的大印。他被病痛折磨得太久了，他渴望回家。从1840年到1849年，林则徐遣戍新疆，之后又被重新起用，在陕甘、云贵任职。一个久别故乡的人，一个渴望东山再起的人，却被岁月与病痛消减去太多的雄心壮志，最终把回家当作归宿。

在北京的女婿沈葆桢要接他进京，他也曾答应，并委托朋友找房子，最终还是放弃了这个去向，北方的寒冬对老年病人是不会怜惜的。其实，林则徐自己最清楚，生死都要在故乡。从昆明出发后，林则徐又给女婿写信，对回到福州长住表示忧虑。原本敏感又性急的他，一路上优柔寡断，除了乡愁，还有无尽的顾虑、怀疑。

林则徐的心病,早先就有。福州成为五个通商口岸的第二年,即 1844 年,英国驻福州首任领事李太郭正式入城居住。当时还是布政使的徐继畬与这个洋人领事成为朋友与对手,尊敬并互相了解。此时的林则徐还是陕甘总督,他在给同僚的信中说到了福州:"海滨瘠壤,民间已不聊生,况有物焉,鼾睡于旁,人心何能安定?"

身在千里之外的北方,林则徐对"鼾睡于旁"的英国人极为敏感。可以说,自 1844 年英国人入住福州开始起,林则徐与徐继畬的外事理念就发生了分歧。林则徐走到了南昌,跨过省界便是福建,但他却在百花洲一住一个多月。他忍痛辗转煎熬,好像在思辨着某种判断。这时候,他在给朋友的信中又提到了类似的话:"第鄙乡卧榻之侧,有人鼾睡,能否常往,尚未可知。"

他推开老家的大门,乡音未改,闽江如故,全城士绅百姓等候着他们心中的英雄归来,而徐继畬站在林则徐正对面,离他最近。

百米之争

1840 年之后的中国,各地都面临着洋人进城的问题,即使搬出《南京条约》,对具体条例的解释也含糊其词。特别是领事官员进城居住,这个难题也让徐继畬与林则徐这样的高人感到棘手。

对此,徐继畬是这样来"答题"的。对待英国领事要求进城居住的应对办法，就是安置在闽江入海口，你是来搞商务的，住在江边方便。房子太破旧，既不遮风又不挡雨，漫长的雨季里没有工匠去维修，逼迫洋人感到居住不易，处处刁难之下，必然自己退走。后来，领事提出受不了，必须进城中住，推脱不掉了，就安排住在城墙之外的乌石山积翠寺——常人不去的地方。总之，让洋人进城，却搞得这个领事馆与领事似乎都不存在似的。

这个办法在对待通商口岸上也有奇效。有一艘美国来的商船，在闽江停泊了一个月，什么也卖不掉，撤走之前来了个大减价，照样没人要，满仓而来，满仓而去。这个影响太大了，以至于1846年和1847年，没有外国轮船进港交易。中国人的心思英国人猜不透，他们都做好了离开福州去温州另辟新路的计划。道光皇帝拿到福州传来的密奏：福州竟不通商，数年后，该夷灰心而去。皇帝很开心。

对待英国平民要进城居住，徐继畬没有直接拒绝，而是要求必须写契约，加盖所在地县令的官印。其实，还是要看中国人是点头还是摇头。所以外国平民进城，在福州还是等于白纸上的空话。

只是到了1850年，咸丰皇帝即位之后，风气骤然转变，软抵抗被否定。"神光寺事件"正好就在此时发生了，徐继畬开始还很淡定，不该盖章的县令盖了章，那就照章遵约，让两个洋人居住，我们继续使用"以民制夷"的办法来对付，就是不让百姓去信教、看病，孤立隔绝他们，到时候他们就会因"生活所迫"而退出福州。但此时民众的态度似乎正在应和紫禁城的态度，而林则徐也正巧回到福州，他几招就把徐继畬整得狼狈不堪。

总督刘韵珂挨了咸丰几次训斥，称病休假，咸丰准其开缺，回家调理，总督一职由徐继畬代理。聪明的刘韵珂在咸丰执政的十一年里不再作声，等到咸丰死了，不久他也病死了。如果是自下而上的怨气，徐继畬还有耐心再继续解释；而自上而下的责怪，则让徐继畬明白，人生最大的失败已不可避免。虽然独撑闽浙大局，徐继畬却更为小心谨慎，他在一封家书里较为详尽地阐述了自己的心境：

> 今年夏间，有夷人租住城内寺屋一事，事本细微，系侯官县令兴廉一时疏忽，误与用印。从容劝谕，本可了结。乃巨绅林少穆则徐，意在沽名，急欲驱逐。既出绅士致夷人公启，又写生童告白，遍城粘贴，声势汹汹，几致酿成大事。弟以英夷今年正在上海投文，天津赴诉，方欲挑衅生端，不可使之借口，劝绅士从容图之，大拂林少翁之意。偕诸绅士致弟公启，弟剖析利害答之（绅士致夷人公启，暨绅士致弟书，与弟复绅士书，皆为言事者抄呈御览）。刘玉坡（总督刘韵珂）制军旋即回省，与弟意见相同。少翁又欲劝绅士捐资，雇募水勇，办理防堵。弟与玉坡制军以英夷此时并未露蠢动形迹，今忽先自张皇，是召之来攻，大为失计，不肯附和其说，愈得罪林少翁。寄信京中，嗾令弹射。于是攻之者一学士、两

御史。八月一旬之内，连奉寄谕三次。初参弟抚驭无方，又参弟袒护属员，徇庇汉奸。现已一一覆奏，尚未知旨意如何？此间公事，本万分艰难掣肘，弟与刘玉坡制军俱怀退志。但因俱受宣庙特达之知，又值新主初登大宝，不敢遽作乞身之想。不意群小乘言路宏开之际，吠影吠声，轰然交作。弟与玉坡制军先后俱遭弹劾，深悔见几之不早。此事尚未见分晓。将来因此罢斥归里，固属万幸。即使平安过去，亦断不可一日居。早则今年腊月，迟则明年正月，决定引疾。

徐继畬还请堂兄提前安排回五台县的生活事宜，他对后事预判准确无误。而林则徐暂时忘掉了病痛，并超越个人权限，视察了闽江两岸的地形和港口海防形势，似乎做足了再次出山的准备。他写了一份详尽的调查报告，派人送给徐继畬。这时候的两个人似乎又都不约而同地放弃了纷争，回到了现实。林则徐写完报告之后，接着给京城的女婿写信，倾诉着某种焦虑："此间家居情形一言难尽，而出去又有不能之势，焦心劳神，转较在滇为甚，不知如何可了。"

乌石山不过百米高，与徐继畬、林则徐各自见过的大山大川相比，实在太小。他们绝对想不到，小山也会成为两位历史巨人交锋的触点。遗憾的是，他们不该在一个狭窄的地方相遇，但是这又怎么能去怨历史没有给他们一条并行的大道呢？从乌石山下来，徐继畬的忧虑益重，他也像林则徐在昆明时那样，有了浓烈的乡愁。

一分为二

两位英雄,相处五个月,没有成为朋友,却成为对手。两个人的交集点,最后落在一个叫金田的小村——1836年,徐继畬任广西浔州知府时管辖过。1850年,村里一群人正以上帝的名义,酝酿着一件震荡中国的大事。咸丰派林则徐去金田镇压,老英雄顾不得疝气之痛,匆匆出发。徐继畬有没有为林则徐壮行,不得而知,但他一定会想到,自己与林公之间,人生重叠之处也太多了。

鸦片战争之时,两人的思想与行为多有重叠;战争之后,他们渐行渐远。同是为了"驱夷",一个主强硬,一个主和缓。从林则徐提出的救国八字要言"器良、技熟、胆壮、心齐"来看,都还是讲具体的线性思维。而徐继畬一直多维思辨,要为黑暗中的大清打开天窗,顺应世界潮流。乌石山神光寺事件,是他们观念差异的注脚。

林则徐复出之后在水利、漕务、盐政、吏治、平叛、课赋、救灾、禁烟等方面,能力出众。即便他回到福州休养,咸丰还要劳其拖着病体去灭金田之火。林则徐忍着痛苦西行半个月后,疝气下坠,不能动弹,在广东普宁口述遗言:"未效一矢之劳,实切九原之憾。"

转眼半年，房约到期，洋人搬出了神光寺，迁到领事馆附近的一处道观里住下。几乎同一时间，十分赏识徐继畬的穆彰阿被解职的消息传来，徐继畬也预见了自己的归宿。他向咸丰皇帝递交了一份报告，复述了乌石山事件的真相，说了这些洋人"均属驯良安静"，但福州绅士们在林则徐离开之后依然声讨不绝——他们有足够的底气，在大清二百九十六年中，福州出了七百二十三位进士，数量上仅次于杭州与苏州，他们将林则徐所代表的忠诚的一面，彰显得淋漓尽致。在满城排外情绪中，徐继畬的思辨显得微不足道了。

1851年初，咸丰任命裕泰为闽浙总督，追查乌石山事件。4月23日，新总督给出结论：实无措置失当。这份奏折刚写好，就有圣旨传来，将徐继畬革职。日期是巧合，命运却必然。《瀛环志略》在1849年出版时，徐继畬就为千夫所指，因为在大清的屋宇下，谁敢否定大清是世界中心？谁敢说天外有光？就连曾国藩，之前赞美徐继畬"天下奇才"，现在也责难"颇张大英夷"。满朝文武，太多人在骂他影射抨击大清，献媚夷酋。即便没有1850年的乌石山神光寺事件，徐继畬也要背运。1859年，日本翻译了《瀛环志略》，以此作为走向世界的航标，迈出了1868年明治维新的步伐。中国在1865年重印了《瀛环志略》，国人开始慢慢地接受它：曾国藩在1868年将地球仪摆放在家里，康有为在1874年读此书后萌发对世界的兴趣，梁启超在1890年读此书后"深感忧虑"，并萌发改革之念。而此时，曾经弱小的日本，已开始对中国虎视眈眈。

1850年的徐继畬与林则徐，中国最有世界眼光的两个人，都没能跨越不足百米高的乌石山，携手去改变中国，令人遗憾。无官一身轻的徐继畬离职后进京，咸丰先安抚他说，你是个老好人，然后问他怎么评价林则徐，徐继畬回答说："忠正，惟不悉外情，致误事机。"

五、比林则徐、魏源更有见识的晚清大臣

历时五年,增删考证,拾遗补阙,数十易其稿,徐继畬写成了近代世界地理历史巨著《瀛环志略》。

在这本书中,徐继畬已经意识到了欧洲的殖民扩张打破了世界的隔绝状态,这是中国无法阻挡的趋势,尽管他依然不能认清这种扩张背后的原因。但这部经过徐继畬阅读大量资料、结合采

访而成的、具有超前视野的著作，依然在近代中国"看世界"的潮流中令人瞩目。

在当时，不止有徐继畬一人著书立说介绍外部世界。被称为近代开眼看世界第一人的林则徐及其好友魏源所作的《海国图志》也是一部重要的著作。

主持禁烟的林则徐在鸦片战争失败后被道光帝贬谪到新疆伊犁，"苟利国家生死以，岂因福祸避趋之"正是写于此途中。去往新疆的路上，林则徐与魏源在镇江京口巧遇。二人皆因鸦片战争命运发生了巨变。抚今追昔，对国家的前途和命运忧心忡忡的林则徐，将他在广州时搜集、翻译的一些外国资料，及《四洲志》的手稿交给魏源，嘱咐他要进一步搜集研究外国的资料和情况。

魏源在此基础上，参以历代史志、明以来《岛志》及当时夷图夷语编成《海国图志》五十卷，后经修订、增补（增加内容包含徐继畬的《瀛环志略》），到咸丰二年成为百卷本，内容也是介绍世界地理、历史、经济、文化等的。但是魏源著书时采用拿来主义，凡是能找到的资料都放进自己书中，其中为人称道的一些内容，是来自《瀛环志略》。

比较《瀛环志略》和《海国图志》这两本书，可以看出徐继畬与林则徐、魏源的区别。在"睁眼看世界"方面，《瀛环志略》有三点要超前于《海国图志》：一、对传统的华夷观念的突破；二、对西方政治制度的介绍；三、对工商业在整个国民经济中重要地位的认识。

林则徐在与友人的信件中总结过鸦片战争失败的原因:"彼之大炮远及十里内外,若我炮不能及彼,彼炮先已及我,是器不良也。彼之放炮如内地之放排枪,连声不断。我放一炮后,须辗转移时,再放一炮,是技不熟也。"

"器不良,技不熟"是林则徐,也是魏源对中国战败的认识,他们没有看到经济和制度上的差距,而是认为问题出在了器物技术上。所以在魏源的《海国图志》中,开宗明义:"是书何以作?曰:为以夷攻夷而作,为以夷款夷而作,为师夷长技以制夷而作。"

为此,《海国图志》中有十二卷内容专门用来介绍"夷之长技"——轮船、洋炮、炮弹、炮台、水雷等制法和用法。

徐继畬在写作《瀛环志略》时,就是把它当作一部相对客观的知识著作,因为当时清朝的闭关锁国状态已经被打破,各国纷纷来华,而大多数人对这些国家可以说是一无所知。《瀛环志略》在内容上有三点超前于时代:

第一,徐继畬没有像《海国图志》那样将英、法、美等国视为"夷",基本上把这些国家放在一个和中国平等的地位。写作时也没有以"攻夷、款夷、制夷"为目的。

第二,对西方政治制度的介绍。这是《瀛环志略》的一大特色,没有专注于器物、技术,而是用相当篇幅介绍了西洋诸国的政治制度,比如英国国会制度和美国选举制度,而且徐继畬本人对这些制度是持肯定和赞许态度的,正如其对于美国总统华盛顿的评价，可以说不吝赞美。还有徐继畬称"推立乡官理事，不立王侯"的瑞士为"西土之桃花源"。而魏源在将《瀛环志略》中西方政治制度相关内容辑入《海国图志》时删去了徐继畬对华盛顿的评价，不知是否出于华夷观念的影响。

第三，徐继畬初步分析了欧洲各国发展迅速的原因。徐继畬认识到国土面积小而富强的欧洲靠的不是农业，"泰西人善于行远，帆樯周四海……欧罗巴诸国，皆善权子母，以商贾为本计。关有税而田无赋，航海贸迁，不辞险远，四海之内，遍设埠头，固因其善于操舟，亦因其国计全在于此，不得不尽心力而为之也"。小如荷兰，"通东西上万里之海市，故国虽小，而富甲于西土"。对于成长在以农业立国、重农抑商的清朝的徐继畬来说，这种对于商业的肯定可以说是十分大胆了。

可以说，徐继畬对西洋诸国是持开放的心态和视角去看待和认识的。因此《瀛环志略》甫一出版，便引起了极大的轰动，可谓毁誉参半，徐继畬本人也招致了不少士大夫的批判，以致影响了自己后半生的仕途。

当神光寺事件发生的时候，徐继畬用柔和的方式来处理，这也是基于他对西方各国的一定的了解。在今天看来，这也是符合国际交往原则的，他的这一处理方式也得到了上司闽浙总督刘韵珂的支持。

然而这让主张强硬的林则徐等士绅极为不满，林则徐一边采取直接行动，招募乡勇，进行操练，一边发动朝内福建籍官员给咸丰皇帝上奏，弹劾刘、徐二人庇护下属，强迫百姓服从夷人，更虚构徐继畬荒废海防疏于防备的罪过。几经弹劾，神光寺事件最终以徐继畬被罢官告终。刘韵珂上书为其鸣不平，不但没起作用，自己也受牵连被撤闽浙总督之职。

徐继畬受到打击，回乡在平遥超山书院教学十年。1860年，咸丰十年，第二次鸦片战争失败，清朝的"开放"更加深入。1865年，年过七旬的徐继畬被召回北京，担任总理各国事务衙门大臣，兼总管同文馆大臣。总理各国事务衙门是清外交部前身，此前，对外事务都是由礼部和理藩院负责，哪怕在战争中失败，当时的清政府还认为"理藩而已，无所谓外交也"，而英法等国自然不愿意以"番邦蛮夷"身份和中国交往，于是要求清政府设立专门中央机构。而同文馆则是中国近代第一所高等专科院校，专为培养翻译人才，后并入京师大学堂。京师大学堂为北京大学前身。

然而徐继畬的这次复出，却并不顺利。1866年，恭亲王奕䜣、徐继畬等人奏请在同文馆设立天文算学馆，因为洋人船炮制造、机器火器之术，都来自天文算学，现在中国如果想学习洋人，应该首先研习天文算学。奏请虽得批准，却遭到保守派的疯狂攻击。大学士倭仁上折表示反对添设天文算学馆。倭仁的观点代表了当时社会的保守势力："窃闻立国之道，尚礼义不尚权谋；根本之图，在人心不在技艺。"

保守派时刻牢记"夷夏大防"之传统信条不动摇，坚决反对以洋为师。在这场持续了两年的论战中，徐继畬受到了保守派大量的攻击。他目睹国是日非，顽固势力依然盲目排外，郁郁不得志，便于1869年告老还乡。1873年，徐继畬去世。

尽管徐继畬和林则徐在政治上不相容，《瀛环志略》与《海国图志》却一样墙内开花墙外香。从1859年起，《瀛环志略》在日本一版再版，风行东瀛，被日本有识之士当作通行世界的指南，对明治维新起到了推动作用。《海国图志》更甚，这本书因为其推崇的"师夷长技以制夷"思想，正迎合了经历黑船事件同样面临列强入侵的日本。日本维新时期的重要人物几乎全都是《海国图志》的读者：吉田松阴、西乡隆盛、坂本龙马、伊藤博文、东乡平八郎。这本书可以说启发了日本明治维新打出"尊王攘夷"旗号。

《瀛环志略》因为其行文更加客观，内容精细，在国内传播的更多一些。曾国藩、李鸿章、郭嵩焘、王韬都对其予以肯定，康有为、梁启超也称他们是以《瀛环志略》为起点对西学产生兴趣。阎锡山在辛亥革命光复山西后通电全国：

> 锡山生长边郡，愚戆性成。髫年入塾，窃窥乡先正《瀛环志略》一书，每思航海西渡，考察拿破仑、华盛顿之战绩，究卢梭、孟德斯鸠之法理。有志未逮……负笈东瀛，矢精卫填海之心，坚愚公移山之志。

徐继畲对华盛顿的肯定也漂洋过海传到了美国。1867年10月27日，美国驻华公使蒲安臣代表美国政府向徐继畲赠送了华盛顿画像，并对其赞誉有加。1868年3月29日，美国《纽约时报》刊登了一篇重要评论，称一位清朝官员因研究科学被撤职，并遭到皇帝放逐，长达十八年。其科研成果是一部世界地志专著，名为《瀛环志略》。因为这本书的诞生，从此"中国历史悠久的地志体系，被这位东方伽利略改革了……对中国人来说，研究夷人历史，肯定险象环生，而这位地理学家，正直勇敢，不怕重蹈伽利略的覆辙"。

六、徐继畬与晋商

　　四十岁的徐继畬走出翰林院,在陕、粤、闽等地为官十余年,官至二品,其时,正值晋商纵横天下。五十七岁的徐继畬解职回乡后,执教于平遥超山书院十年,培养了一代代晋商后人。作为一代政治家,他如何处理官与商的关系?

入仕大清之秋

1813年的秋风里，落叶在骤然的旋转中落在了红墙内，那一百多个天理教徒现身于紫禁城内，让兵卫猝不及防。对他们来说，这是一场莫名其妙的混战。最后，起事者被挡在紧闭的隆宗门外。今天，隆宗门匾额上方的箭头痕迹，可能就是这次事件留下的。后来，嘉庆皇帝一想到此事就脊背发凉，他对着满朝文武大声叹息道：我大清以前何等强盛，今乃致有此事。如果将这件事作为大清气数已入秋的标志，在此后九十八年的时间里，鸦片战争、太平天国起义、八国联军洗劫紫禁城等等，件件催命，直抵寒冬。

而这一年，十八岁的徐继畬在山西考中了举人。徐继畬所在的五台县，地理位置上临近晋商票号发源地，一条汾河串联起了数不清的商号。年轻的徐继畬对此并不陌生，他的父亲曾在太原、介休教书，往返五台县时均需要穿越晋商最繁忙的交易中心。沿途数不尽的骡马，拉不完的物品，没有影响和改变徐继畬的思想与抱负。同样，在出生地往北几十里外的五台山，尽管康熙多次去过，佛声鼎沸，也没能触动他的兴趣。据说，徐家的祖辈多入仕为官，都坚守着士大夫情怀，忠诚、正直的家风代代相传。在明清之际，徐继畬所敬重的顾炎武就对晋商的家教深表惊奇：让最聪明的去经商，最笨拙的去读书。外人难以理解山西人在那时候的生存态度。

破冰醒世 徐继畬

少年徐继畬天资聪颖，却没有按照当地习俗从商，他的好学经历在其为堂兄所写的碑文上可见一斑。当时，他年近六旬，被解职回乡，他在碑文中回忆起童年往事，经常到外公家去，表舅有一间堆满书卷的屋子，这是他的神往之地，大人们在书屋里谈论天下之事，让他大开眼界。大他四十四岁的表舅总是与他长谈，训勉不断。由于表舅没能考取功名，后来四处游学，购买书籍，再返乡钻研，其所信服的桐城派学说，强调实际，拒绝空谈，这让徐继畬从小就有了务实的品质。

徐继畬出生那年，其父中了进士，徐家双喜临门。因为是独子，其父对于早慧的他寄予厚望，所以，徐继畬从小就饱读诗书，博览儒家经典。后经多年苦学，于1826年三十一岁时，考中进士。从性格上来看，如果说外甥随舅，那么徐继畬比舅舅多了些耐心。

徐家世代为官者，也都笔耕不辍，能书会写。徐继畬的父亲在京城和湖北为官十多年，后来回到山西，在汾河晋商古道上的太原、崞阳、介休等地教书，颇有名气，学生们称之为广轩先生。徐继畬中进士进京城的第二年，其父在介休去世。他返乡去迎回父亲的灵柩，并收集了散落各处的文字，五年后，他在北京整理出了十七卷的《敦艮斋遗书》，并刻版印刷，这既是对父亲的敬仰，也是对徐家文脉的传承。如果从经历上看，徐家父子在科举、从政、教学上极为相似，甚至与晋商经过汉口到达福州与广州的线路也有重合之处。这就涉及一个问题，徐继畬在粤、闽两地任职期间，与晋商有哪些往来？

驰骋闽粤商道

1836年冬,四十一岁的徐继畬从北京出发,南下广西。此前,他在陕西道担任监察御史期间,因为监察有力而被道光帝召见,第二天就官升一级,改任广西浔州知府。通常,监察御史的任期是三年,可他只在陕西任职半年多。没想到的是,他在广西任职时间更短——出众的地方事务处理能力,使他深得皇帝赏识,于是再次升迁为福建的道台。仅一年间,他从陕西到广西再到福建,连升三级。

1838年春,徐继畬到达福建,他管辖的延建邵地区十七个县位于闽北,这里盛产中国著名的铁观音茶叶,是晋商中的茶商采购贩运的起点。作为地方行政首脑,徐继畬与来自家乡的晋商在武夷山下会建立哪些关系,史料上没有明确记载。不过,从他上任后做的第一件事情来推测,他对晋商是起过保护作用的。

闽北山林是盗与匪出没之地,这也使晋商出入福建的茶道充满了危险。很快,山城要道上到处张贴了新任道台签署的布告,其中列举几起典型案例,提出将全力剿匪,彻底镇压;对于因生活所迫而沦落山林的人,政府将雇佣他们,以解决生计之忧。由于官府打压与安抚并举,闽北很快得到了安宁。古道平安,晋商才得以浩荡出发,将货物顺利通过两湖运送到山西集结。就这件事而言,新任道台的第一把火就让当地民众称快,让晋商叫好。

破冰醒世 徐继畬

徐继畬管辖着这个茶道将近两年半时间,他与山西商号之间有没有建立起私人关系?没有人说有,他自己的著述中也忽略而过。从后来他在闽粤之间的官场履历来看,官与商的关系,他从入仕开始就划清了界限,也没有资料表明晋商有过接近和利用这个老家官员的行为,而他的很多同僚都在利用官商关系谋利。1840年鸦片战争爆发后,徐继畬改任汀漳龙道道台,去了厦门。这时候他所接触的大多是来自东南亚的商人以及欧美的商人,这让他对国家外贸有了新的认识,对如何处置经济关系中的政治、政治关系中的经济有了新的认识。他在《瀛环志略》中,多次说到商贸是国家实力的主要组成部分。

1842年5月底,广东盐运使(从三品)的任命书姗姗来迟。7月份,广东按察使(正三品)的新任命书接踵而至。两个月之内,徐继畬再次连升两级。当时的广州是中国最重要的外贸集散地,"中华帝国与西方列国的全部贸易都聚会于广州,中国各地物产都运来此地,……也都荟萃于此城"。(《中国近代对外贸易史资料》,姚贤镐著)在海禁之前,如"广生远""广益义"等商号就是山西商人在广州开设的。

在广州,徐继畬遇到被称为"西客""西号""西商"的晋商,当时的票号通过捐纳制度与官府之间有着很深的利益关系,每位官员一到任就能从当地票号先拿到工资,地方政府之间、官员之间的经济往来,也都经过票号先垫付,票号由此挣到了不薄的利息。所以,徐继畬在闽粤两省之间频繁调动,也是要经过晋商票号来为他转付俸禄的。最典型的例子是，山西巡抚张之洞升任两广总督时，"渠家指示百川通大掌柜，速派得力伙友随张之洞同赴广州，开设百川通分号。沿路总督大人的一切花销开支由百川通包揽下来。张之洞到总督府就任之日，也就是百川通广州分号设立之时"。故而民间流传"百川通的银子，张之洞的门子"。

鸦片战争前，只有"平帮"的日昇昌一家在广东设立分号，后来有"太帮"的志成信、协成乾进入。据说"祁帮"想做收解藩库和运库的款项，前后活动了三次，花了不少钱，方才成功。后人评价说：驻广东的历届老板，无一不是粤海关监督的磕头之交。有官府的保护，票号生意方能安稳。所以，晋商一直敏感于官与商之间的微妙关系，小心维护着，不容有失。但这些商事细节似乎都与徐继畬没有关联，因为他在广州只住了三个月，便再次得到升迁，返回福建担任布政使。1843 年，他离开广州数月后，美国人在广州主办的《中国丛报》才第一次提到这次短暂的任职，说他"在这里的短暂任职时期的工作，是令人满意的"。这个"满意"主要是针对外交来说的，而其他方面，别人没有评论，徐继畬自己也没有留下文字记录。

徐继畬回京述职后再次来到福建，他的布政使之职，是代表朝廷来主管福建的财政税收。他也曾经因为在期限内征收不到八十七万四千两白银而担忧和悲叹过。在他主管经济的三年里，不与晋商打交道似乎不可能，但我们却没有找到任何相关的信息。总的说来，虽有家乡人情，徐继畬依然公事公办，有了这样的态度，晋商对徐继畬也丝毫不敢越界行事。

再往后，徐继畬官升一级，担任福建巡抚。这期间，朝廷对省级财政的管理是相当严格的，从《道光朝筹办夷务始末》可见，五百两以上的支出费用都要送朝廷报批。担任巡抚四年多，他定期向朝廷汇报通货行情以及税收、粮食的征收、军备的支出等情况，尽职尽责地完成了本职工作。后来代理总督之职，他对个人品行有了更高的要求。

商与官的关系，本身互为利害，互为陷阱。对官来说，如1857年的两广总督叶名琛，他在广州"太帮"的志成信票号存银两百万两被告发；对商来说，将政治背景当作经营的保障，是最终消亡的开端。徐继畬在福建为官八年，最终被弹劾的原因是政治观点，没有人提到经济和生活问题，连咸丰皇帝召见时都说他是个好人。

这个好人在千里之外的闽粤遇见乡人，他究竟是怎样接待，并建立怎样一种特殊关系的？这段历史是空白的，也许空白就是清白的注释，最好不过了。他离职后回到老家五台，向先祖献上一篇祭文，其中说道："继畬谨守先训，饮冰茹蘖，不取一钱，矢慎矢勤，力图补救。"

执教晋商故里

告老还乡的徐继畬，在五台县东冶镇买了一块地作为栖身之所，用他的话说是："乃得苫盖数椽为藏身之地"。徐继畬在沿海为官十多年，没有能够在老家置好一份家产，而在无官一身轻之后，已等同于一名失业者，没有收入，多年节省下的微薄收入也仅够一时生存，这与他身边的朋友、商人相比，实在寒碜。乡里人甚至讥讽说：世上唯有如公贫者。意思是，世界上只有你是为官而成为穷人的。这是对徐继畬仕途生涯的另类总结。

这样的安静日子才过了一年多，太平军就北伐到黄河边。接着，捻军起义，山西一时山雨欲来风满楼。这时候，一件事情正好为徐继畬与本土晋商关系的深浅做了验证：他奉山西巡抚之命组织地方民团保卫太原，号召五台县的乡绅富豪们捐款，却只收到两千两银子。他给省内一些著名的富绅写信，劝办捐输，有着"中国金融中心"之称的太谷县，才捐出三万多两银子。然而，当山西布政使郭梦龄派人去督办时，太谷县在五天之内就捐了九万两银子。这件事让徐继畬感慨万分：自己是退休官员，加上在过去十多年官场上并没有给晋商多少实际的帮助，才有这番尴尬。

文人落魄，骨气傲然。徐继畬取"放之弥于六合，卷之退藏于密"之意，将自己的书斋命名为"退密斋"。这意味着他要回到书卷生活中，回到他考取功名的那个起点。除了读书写作，徐继畬要考虑的最大问题是一家人的生活来源，他选择了教书，走其父晚年相同的道路。1856年，太原的绅士们邀请徐继畬到晋阳书院执教，他没有接受。为何拒绝去太原？这可以从他后来选择去平遥的超山书院的理由中获知。他说，平遥的这个书院是由士绅经管的，官吏不插手，所以愿意来讲课。可见，他不去太原是为了远离官场，保持一份清净。

十年的超山书院山长（院长），这个民间职务是徐继畬一生中最长的任职。他承认，在这里不仅是为了修心养身，最重要的是有一份能养家糊口的固定收入。他在这里每年收入上千两银子，这包括书院束脩所得三百两，当私人教师所得三百两，受托为当地士绅刊集的文集写序及写墓志铭所得三百两。千两年薪也算不少，但除去了一家八口的基本生活费，以及被地方政府征集的治安防务费，所剩无几。在太平军临近山西之时，有些县官可以捐款一千两银子，他却只能将两件皮衣送去典当行变卖，想筹集三百两捐出，却一时又卖不掉，这让他感到很是惭愧。

受人尊敬，必然受人关照。在平遥及其四周，帮助徐继畬的人很多，他们总要找来一些题字撰文的事情为他添加收入，以做生活补贴。他曾受冀氏之托写过一篇为母亲祝寿的序文，对方是介休最有名的晋商。其时，冀家最小的儿子也在超山书院就读，再加上徐继畬的父亲曾在介休教书，于是，徐继畬就接下了这份委托，挣了点润笔费。他在文章中夸冀家乐施好善，在国家危难之时，不惜钱财，捐献政府，是爱国之举。这是看到的资料中，徐继畬与晋商走得最近的一件事；同样也反映了他堂堂正正做人，不为稻粱谋而说违心的话、得不义之财的准则。

近代的中国，官员与商人的关系比以往任何年代都密切，但徐继畬恪守着自己做人为官的原则，无论是外界还是他自己，都认为他与晋商的关系比较特殊，隔着一道不可逾越的鸿沟，即便是他在闽粤两省主政期间，也没有直接来往。后人有说法，徐继畬之所以与晋商保持距离，是晋商也曾卷入鸦片贸易，而徐继畬是反对鸦片输入的。这只是部分理由，主要原因在于，他恪守清廉正直、谨洁自守的为官之道，这与他自小生活在晋商古道上却从不参与其中的态度有关。他不是拒商，而是与商保持距离，以不受其害。

徐继畬在超山书院执教，他所教的学生大都是平遥、介休的乡绅后代，但他从来没有因为生活窘迫而表露求助的愿望，更没有去借钱显示自己所缺。徐继畬的文字中有这样一句：闽中旧好闻有以绨袍寄赠者，亦从未向其言贫。这句话说明在福建的朋友曾经接济过他，送衣服给他，但他没有向朋友说自己的生活清贫。因为他觉得有了当教师的收入，"究竟亦不过一自了汉而已"，意思就是自己可以养活自己了，可见他对财物没有妄生非分之想。

晚年的徐继畬曾给在福建的朋友写信说："屈指生平寅好，遭劫数者十之七八，平善收场者十之二三，亦已大半宿草。我两人本无漏网之理。"一位四川的好友曾送他一副寿衣，他欣喜保存。后来因为身边的朋友去世，他便把这副寿衣送去，再往后，这个朋友的儿子补还了一副给他。从这些事情上可见，他对身外之物是淡然面对的。

七、德克雷笔下的徐继畬

德克雷（1939—）是美国马萨诸塞大学的教授，研究中国近代史的学者。在哈佛大学教授费正清的指导帮助下，他对徐继畬及其《瀛环志略》进行了长期深入的研究，并于 1975 年出版了《徐继畬及其〈瀛环志略〉》一书。1989 年，任复兴将这本书翻译成中文，于次年在中国出版发行。

德克雷笔对徐继畲的关注点和研究角度与国内学者有所不同。他可能是世界上最早把徐继畲向美国和西方全面推介的外国人。他在研究过程中不计时间、不为名利，是一个纯粹的学者。

我们不妨从他的这部专著中撷取两个章节，看看他笔下的徐巡抚是怎样从家族出发，一步步走上大清的政治舞台，并认真而深刻地感受除了中国之外的外部世界的——

出生于山西的博学官员

青年时代的徐继畲，目睹了汾河岸边喧闹的商业中心的繁忙景象。在这里，大批中国出口商品被聚集和转运往北方：花茶、砖茶和丝绸、南京本色布、果脯、漆器。还有从莫斯科及其周围的迈泽里特斯基、马斯罗夫、卡诺沃依换回的呢绒、平绒、荷兰羽纱、亚麻布、皮革、羊羔皮、松鼠皮、水獭皮、猞猁狲皮和麝香。汾河两岸的各城市里，这种从事国际贸易的字号林立。一些山西票号的总号设在平遥、太谷、祁县，票号周围许许多多的书信行、商业邮局等也随之兴盛起来。

在山西老家，徐继畲继承了其绅士家庭的思想。经过世代积累传承，徐家形成了优良的家风，并传给徐继畲。在中国这种家族社会里，家风对个人确立处世态度、理想以及在社会上树立自己和家庭的形象，都有极大的潜移默化的力量。

徐氏家族，定居到五台县的时间可以追溯到上八代。现存记载表明，在明末，五台的徐族已殷实到可供部分子女读书深造的程度。把学问当作谋求官职的敲门砖，应该是很多读书人的理想。可是在明末，徐家对最高的学术水平与高级官职间的关系还不甚了了。清军入关以后，一位祖先从军，立了战功，徐家从此成为仕宦之家。

徐继畬诞生前一个半世纪中，祖先们都公开表示效忠于新的统治者，并把求学作为进身的阶梯。继畬的祖先中有过一些中级官员，有的管理粮食储运，有的从事地方事务管理或镇压土匪。尽管他们安居乐业并且有发财的良机，然而一切迹象表明，这个家族从来没有兴旺发达过。

继畬的祖父徐敬儒，首先在"笔耕生涯"方面取得较大的成功。继畬的父亲徐润第学习也十分刻苦，幼年就表现出成为学者的极大潜力。乾隆末年，润第中了进士。在京城和外省担任过各种较小的官职后，润第于1820年返回山西，在晋阳、崞县和介休教书打发余生，在此期间仍潜心攻读他所厚爱的《周易》。他认为八股文是使思维条理化和分析内容的最有效的方法，这种观点至少在一定程度被他的儿子所理解。徐润第晚年长时间卧床，由一位家庭医生护理。这位医生因为实践"墨子之兼爱"而受到继畬的极大尊敬。润第是省内著名的教师，学生们尊称他为广轩先生。1827年徐润第在介休谢世后，他唯一的儿子徐继畬收集父亲各种各样的文章，于1831年集辑完成了十七卷的《敦艮斋遗书》。

继畬在家乡五台，在北京，很可能也在湖北度过他的童年，因为父亲曾在湖北任职。继畬的弟弟继畹孩童时期就夭折了。他只剩一个姐姐。现有的资料中关于继畬童年时代的记载很少。例如在《续碑传集》中仅仅引用徐继畬墓志铭的内容，说继畬幼年早慧。父亲对他唯一的儿子寄予厚望，盼望他成为一个高级官员。因此，继畬从小就开始攻读四书五经，父亲给他详细讲解这些儒家经典。有好几年时间，他和别的几个孩子是在父亲指导下学习的。

还有一篇文章有助于了解继畬的童年。1853年，继畬为母亲的堂兄续克家写的墓表中说，自己童年多次到外公家，克家都要与他长时间座谈，询问学业，加以训勉。继畬有时还到克家的书斋中阅读他堆叠到天花板的藏书。他俩从早到晚讨论问题，继畬很为克家的解释和论证折服。

这种与从父亲那里得到的有所不同的教诲，有助于他后来折中主义的思维方式的形成。继畬每次都为那些闻所未闻的事所倾倒。作为新儒家，克家喜欢安徽桐城派的哲理。桐城派抨击汉学，强调现实，主张把儒家的伦理道德运用于社会活动。克家谴责八股文体的无用。满腹经纶的克家在应试的"名场"失败后，曾经到全国各地旅游，无论走到哪里，总要买书，返家后闭门阅读。他笃学好古，工于诗词，熟悉历代王朝的历史。克家的行为方正端严，被全族子弟奉为楷模。他还特别擅长解决纷争。继畬最后提到，这位舅舅十分爱才，常常资助奖掖聪颖的孩子。这就是继畚对自己童年所钦佩的长者的回忆。

徐继畬还回忆了在京的学习岁月。1853年徐继畬在山西平乱时,写了关于老朋友王秋宝的短文。小时候与他同学数年的王秋宝,后担任山西平阳的训导。1853年初秋,叛军攻破平阳城后,秋宝及其幼子殉难。"回忆丁卯、戊辰间",徐继畬写道,"余与秋宝同学京寓,读史汉八家古文,初执笔学为八比文。两老人得暇互教之。先君子为批改文课,讲授经义则先师为多。寒夜篝灯,高吟互答,恒至夜半。先师卧而听之,甚以为乐。忆之忽如昨日事。"1810年,十六岁的徐继畬结婚。他与妻子情意甚笃,共同生活了三十六年。尽管妻子没有生育,可是在她生前徐继畬不愿纳妾。

有一点资料涉及徐继畬后期的教育。在他二十岁前,一个叫周稚圭的先生也教过他。数年后,徐继畬在翰林院旁听时,在长安拜访了周先生,以继续他的学业。周母九十岁大寿时,徐继畬送的寿屏中提到,当时周稚圭在"边裔莞瘠,民徭错处"的广西(后来,徐继畬也被委派到这个省)担任布政使,他严惩贪官,宽厚抚民,使当地政通人和。

徐继畬为准备参加科举考试而接受的早期教育,对造就这位年轻人的处世态度、理想和激发他的求知欲望有着明显的重要意义。与此同时,他也在山西和北京建立起广泛的人际关系网。他受父亲这位陆王理学的信徒教育多年,对新儒家的这个支派也是厚爱的。

虽说王阳明的学说后来衰落了，但是他抛弃抽象的空谈，从实践的高度，献身于探求解决基本伦理问题和社会问题的忘我精神，有力地影响了19世纪初儒家的一个维新团体。王阳明强调真挚的意图，以及用具体的对策解决国家重大问题，只对关心社会问题的少数人具有吸引力，其中有些是当时最优秀、头脑最清醒的人。他们认为枯燥无味的"考据"缺乏社会功用，指责其与现实缺乏联系。这些人赞成王阳明必须探求事实的主张，但是在信息具有实际的含意之前，要使其内在化并与人们的直感协调起来。只有这样，信息才会变成知识，从而导致有效的行动。处在明朝多事之秋的王阳明，是一个务实的儒家官员和军队的领导者。徐继畬在北京期间，王阳明的知行统一观为他对各个王朝覆灭的问题进行的研究染上了浓重的色彩。

如前面所说，徐继畬还接受过墨子学说和桐城派的思想。至于年轻的继畬还从哪些代表近代儒家学说的知识扩张的环境中汲取了真知——例如顾炎武和考证学派——依然是个谜，其中一部分只能根据他后来的学术著作来揭示。不论出自什么具体原因，徐继畬的学术生涯有着折中主义的鲜明特点，突出的一点是能够把传统的儒家思想的形形色色的成分，以及从中国文化之外的世界信息几乎是天衣无缝地糅合在一起。

嘉庆十八年，徐继畬在十八岁时考中了举人。可是此后十三年，直到他父亲逝世前一年，即1826年，他才考中进士。在这漫长的等待中，尽管没有资料提到他曾名落孙山，但这或许是他一生中失意的一段岁月。

三十一岁的徐继畬参加最后一次会试中了进士,在朝考中又名列第一。经过皇帝召见,他荣幸地被选为翰林院庶吉士,继续他的学业。1827年,父亲逝世,按照守孝制度,他返回山西较长时间居丧。

回到翰林院以后,再次经过考试,他被晋升为正七品的翰林院二级编修。在京城的翰林院期间,他与姨姨的儿子、表兄梁问青保持着密切的联系。他与梁是童年的同学和朋友。继畬成了一位学者,而这位表兄却继承祖业,开了砖瓦窑。梁问青在北京郊区开设的砖瓦窑,专产精良砖瓦,供内廷和皇陵使用。1826年继畬入翰林院以后,问青就让两个儿子拜他为师。1833年继畬须从北京往长安,因他无钱备车马,问青就给他提供车马和长途旅行的费用。继畬难忘问青这种厚意,多年之后写道:"君非绌于聪明者,特以改业废书,不及于词章之学。至其器识,则余所见士大夫中,能如君者,未易一二数也!"

徐继畬在翰林院的社会关系,对他以后在中国沿海地区的发迹,有决定性的意义。除增加了他将来在官场的晋升机会外,还使他成为很有权势的满族大臣穆彰阿的门下士。穆彰阿是道光皇帝童年的好朋友,当时是翰林院的掌院学士。1834年穆彰阿母亲八十岁大寿时,继畬写了一篇祝寿序文。文中提到他到各地游历半年回到北京,曾到穆彰阿邸宅拜访,进而提到1826年入翰林院以后,"夫子(穆彰阿)不以为不才而进之,受知为最深"。这种亲密的关系，被证明在重视私人关系的清朝官场对徐继畬职务的升迁有着决定性意义。

1836年，徐继畬离开了翰林院，补为陕西道监察御史，级别为从五品。尽管他任御史不到一年，却有几篇奏疏颇得道光皇帝重视。他提倡简化中央政府的行政管理程序，建议皇帝与大臣间要有较亲密的关系。他的这些建议旨在克服文牍主义，削减书吏权力，使皇帝从过多的行政事务中解脱出来，从而使他和大臣们能集中更多的精力处理涉及国家机构和秩序的重大事情。徐继畬主张改革涉及广大普通百姓的盐政管理，列举了山西一塌糊涂的盐运状况，提出了合理的分配办法。徐继畬还弹劾了山西、山东的一些地方官，指控他们向老百姓科敛过重。道光皇帝被徐继畬这种思想和行动所打动，把他召进皇宫。在召见中，道光皇帝向徐继畬询问关于国家事务和老百姓疾苦方面的问题，徐的回答使道光皇帝感动得"至为流涕"。徐继畬坚决反对19世纪中国许多官僚缺乏责任感的态度，大胆地抨击清朝政治机构明显的机能障碍。道光皇帝对他奖勉有加。

道光皇帝在召见徐继畬的第二天，就缩短了他监察御史的任期，提前委任他为广西浔州知府。通常，监察御史需任满三年。他穿着从四品衔的官服，补服前胸和后背绣雁，冠顶上镶着天青色顶珠，颈上挂着红珊瑚朝珠。这位年轻的官员就是这样登上了清政府的晋升阶梯。

"逆夷"

1836年以后，徐继畬经历了一段极不平凡的岁月。这位才华横溢的中国官员在鸦片战争前夕被调往多事的沿海地区，委以建立坚固的海防和排外攘夷的重任。迫于时势的变化，他转变到温和的立场，并且成了"夷务"专家。

徐继畬1836年奉派出任雷州半岛正北的广西浔州知府，这使他与中国的南方结下不解之缘。浔州知府衙门位于浔江畔的桂平县城，东距广州两百英里，靠近北回归线。这里是少数民族聚居地区，壮族人和客家人占多数。桂平城北十五英里的金田村就在这块客家人的土地上，1837年还是徐继畬管辖之下的一个普通村庄。然而此后不久，金田村突然闻名中外，成了大规模的太平天国起义的第一个中心。

1837年春，四十二岁的徐继畬到任，管辖广西东南部这一相当大的地区。音调古怪的各种地方方言充溢于耳，成了这个北方人首先感到苦恼的问题。他的职责是总领属下五县的事务。他手下还有一些僚属，分掌当地抚绥民夷和军务等具体事务。除了这些人之外，还有各种由较低级的官员组成的行政机构负责繁杂事项，这些事项非常及时地得到处理，使当地政府机构保持着较好的运转状态。这使徐继畬感到欣慰。

在徐继畬任职的短短几个月时间内，不论怎样，显然他是没有足够时间充分了解当地问题的。假如他不是过早地调到沿海，人们很想知道，这位具有忘我精神、讲求工作效率的人，在当地会做出什么样的业绩？这个问题，在近二十年后，当徐继畲率领山西省地方武装，抗御太平军时，必然会萦绕于脑际。

到广西做外吏不足六个月，徐继畲再次得到提拔。这在他政治生涯中具有决定意义，因为他被调升至东南沿海。他已经赢得了排忧解纷里手的名声。他荣任福建省延建邵地区的道台，级别是正四品。这是全省四个道之一，包括闽江上游地区，其中有盛产五夷茶的县。这一地区长期遭受秘密团体和土匪的骚扰。作为省里主要地区的道台，徐继畲被看作是福建省最高统治当局的一分子。在上面的总督、巡抚和下面的知州、知县之间，他发挥着中间人的作用。

徐继畲1838年2月抵达福建后，迅即着手捕治盗匪。这些盗匪藏匿在深山中，从事鸦片走私和其他穷凶极恶的活动。他在下属的十七个县发了一则布告，列举了几起令人发指的盗匪案件，指出，盗匪在延建邵的"万山"中隐藏是多么容易。不过，对那些因没有职业被迫沦为盗匪的人，他做出政府要雇佣他们的承诺。至于其余的，他向老百姓保证，要动用保甲力量——一种传统的集体防卫体系，对盗匪予以彻底的镇压。

与此同时，徐继畲还加强与省里高级官员的联系，其中有福建巡抚吴文镕（1839年5月至1841年1月在福建任巡抚）。徐继畲与吴文镕成了挚友。他们的亲密关系，一直保持到1854年吴文镕在湖广总督任上与叛军交战中阵亡。徐继畲与1839年1

破冰醒世 徐继畲

月至 1840 年 9 月在任的闽浙总督邓廷桢也很熟悉。邓廷桢对徐继畲评价极高。在这期间徐继畲公务繁忙。徐继畲于 1839 年 9 月报告说,他监督了当地的数场考试。显然,他还不十分知道"暴风雨"正逼近中国的沿海。

鸦片战争爆发,福建沿海受到威胁。在巡抚吴文镕推荐下,1840 年 7 月,徐继畲调往福建东南部,任汀漳龙道代理道台。道衙设在厦门对面的漳州。正是在这里,他第一次面对面地领略到西方强国的威力。

当徐继畲到沿海地区做官的时候,不仅使自己置身于弥漫着湿热的暑气、常受灾害性台风袭击的亚热带,而且使自己置身于一个新的"磁场"。一个不习惯海上生活的北方人,来到福建,这里有濒临台湾海峡的曲曲折折的海岸线,形成一个个优良港湾;数以百计的海上小岛,其中不少是中国海盗的理想避风港;用来捕鱼和贸易的舢板,以及生机勃勃的华人海上贸易。他如今所在的地区,有着从事海上国际交往的悠久历史。台湾和澎湖列岛,属于这个省管辖。琉球和苏禄的正式使团,定期地到这个省的两个主要港口——福州和厦门向清朝纳贡。这个省也有和远方来的夷人打交道的经验。位于福州和厦门之间的泉州,早在唐代就有大型阿拉伯商会的会址。16 世纪,福建深受臭名昭著的日本海盗的祸害。在葡萄牙人把基地设在澳门之前,首批进入东方海上贸易航线的葡萄牙大帆船也来到这里,进行贸易。到 17 世纪,福建又成了衣着截然不同的"海盗"们的目标。欧洲多明我会和方济各会的传教士，到城市的大街小巷布道，收买笼络人心。

福建在徐继畬所处的时代，如同过去一样，仍然是中国的腓尼基，她的商船漂洋过海来到东南亚，然后从摩鹿加群岛、爪哇、婆罗洲、马来半岛带回异国的各种物产。福建人是一个坚强的种群。他们操着大约由一百种方言组成的复杂而各有特色的语言，前往东南亚的海外华人侨居地，例如菲律宾、巴达维亚、摩鹿加群岛、暹罗。这些华侨与祖籍福建保持着密切联系。每年，他们的船队根据贸易信风往返于福州、厦门和东南亚群岛之间。这些福建籍的华侨和他们在中国的亲属与漂洋过海而来的稀奇古怪的西方人之间的接触已非一日，这些西方人也逐步加入他们经商的行列。

在朝廷及其官员看来，这些福建人是不可完全信赖的。清王朝不会忘记以前福建的反清复明运动，对当地人和常常出没于海上的外国人相勾结耿耿于怀。况且，这里仍然隐藏着大量积极活动的反清秘密团体，如颇为棘手的三合会等。从朝廷的视角看，福建沿海的人民被逶迤的群山隔离，因此，他们可能易于宽容海外来的外族人，而不能宽容占据着中央王国的内陆来的外族统治者。

在徐继畬这样的北方人看来，福建人和北方人似乎截然不同：他们平均身高比较低，身躯比较纤弱；爱吃大米，而不是白面；尽管有的很狡猾且工于心计，却表现出像北方人那样的正直和老实，甚至出奇地驯良温顺。

1840年夏天,徐继畬调到闽南沿海时,恰巧英国远征军也抵达中国的海岸。这支舰队以鳄鱼号为旗舰,尾随的有响尾蛇号等,北上天津,沿途封锁了厦门,炮击了定海。8月,舰队司令乔治·懿律迅速到达天津交涉时,许多官员主张委曲求全,息事宁人。道光皇帝也完全改变了对英国的强硬立场。

次月,琦善作为钦差大臣赴粤,同一天,林则徐和闽浙总督邓廷桢被革职。正如徐继畬后来所说的,"圣主意在怀柔"。在道光童年时的亲信、徐继畬在翰林院时的老师穆彰阿操纵下,朝廷制定出绥靖的新政策。

徐继畬后来回忆,在"夷寇"将至的警报发出后,他到达厦门附近的新岗位。当时,派驻厦门的兴泉永道道台是刘耀椿。徐继畬赞扬他是"江左廉吏"。两个人成了志同道合的朋友。徐继畬驻守的漳州与厦门只横隔一个海湾。他们书来信往,商榷防务。"旬日中三四往还,邮人苦其烦也"。1841年3月,徐继畬有公事到厦门,两人第一次相见。刘耀椿长徐继畬十岁,待他好像胞弟。打扫了一处雅洁的房子让他住,款以地道的江苏风味的饭菜,徐继畬感到十分愉快。两个人对灯而坐,纵论天下时事,边境政策,嬉笑怒骂,常常继续到漏下四鼓。在旁伺候的童仆都连打呵欠,各自悄悄上床鼾睡去了。徐继畬同刘耀椿和另一位官员马祉斋,与巡抚吴文镕讨论国家政策方面的问题常至深夜。他们三人"遇事好断断力争,辞气不平,殊失事上之礼"。然而徐继畬提到,吴文镕非但不加责怪,反而赏识他的坦诚。他发现吴文镕对多数边防官员感到十分不满意，而对徐、刘、马三人却特别垂青。

昧于敌情，和战无定，廷议纷纭，这就给徐继畬及其下属官员在保卫国土方面造成很大困难。徐继畬对沿海局势甚为忧虑。他最关心的是保卫海澄的问题，这里与厦门一水之隔，只驻扎着防兵千余名，而病弱者计数百名。其中为数不少的名义上是战士，实际上是商人。假如"逆夷"登陆来攻，战士即使不望风奔逃，也必然不堪一击。为什么局面如此之坏呢？徐继畬认为原因之一是没有像古人那样，"丰衣美食以养战士"。总之，海澄处境十分危险，犹如"在虎口之中"。

徐继畬在闽南的任务是相当紧迫的。在这里，他遇到另外几位有献身精神的称职的同事。他们也负有保卫边疆的重任。1841年，徐继畬曾在福建总督颜伯焘身边工作。颜伯焘是广东人，1841年春到厦门督办防务。农历三月，徐继畬在厦门第一次见到他。在8月26日厦门失陷之前，两人在一起惨淡经营达六个月之久。颜伯焘和徐继畬在布防中大量采用了壁昌写的兵书《守边辑要》中的见解。壁昌是蒙古族人，曾任福州将军，徐继畬认为他是一位爱国主义者。他的这本军事著作，对于在中国沿海从事"攘夷"的官员，是很有实用价值的代表性文献。此书以原始的科学方法，非常详尽地重点阐述了城墙的构筑，其中还有几幅详细标明厚度和尺寸的插图。

厦门陷落后，颜伯焘被免职，于1842年初返回广东。徐继畬写了一篇长文为颜伯焘在福建的工作辩护。徐继畬说在厦门及其周围安设大炮四百余门，最大的重达万斤。颜伯焘还屯集了六七千名战士。这个说法与德庇时的说法相符。1844年10月德庇时访问厦门时，看到有两百门大炮面对着鼓浪屿。这些塞住火门的大炮，许多是1806年铸造的。他还在附近找到一个铸造作坊，厦门沦陷时，这里还在铸炮。"口径最大的大炮上铸着：1841年夏天颜总督监制……这种炮重一万斤，也就是将近六吨"。德庇时在看了厦门的防备以后断定："中国人只知道如何进行防御。如果他们弄清另一半，即如何打击我们，其结果将会完全不同。"

正如徐继畬文中所说："不可谓之无备矣。""突于七月初十日，逆船三十余只驶入厦门开炮。我兵亦开炮对击。我之铁炮不如彼铜炮之轻灵。我岸上之炮又不如彼船中之炮之稠密。相持半日，大炮台被其攻破，遂致全军溃败。死难者一总兵（江继芸），两游击（凌志、张龙），一守备（王世俊），千把数人。"

英军攻击厦门时，他管辖下的漳州民心惶骇，且一日数惊，这就愈加重了徐继畬的苦恼。他写道："文武官中有将家眷偷送出城者，百姓纷纷有逃亡之意。"徐继畬竭力劝说人们保持镇静，并且保证誓死守卫海澄。海澄位于九龙江的入海口，直通漳州。人们逐渐平静下来，继续从事战备。"逆夷火轮船"曾经直逼海澄城下，幸好因为水浅退走，未能进入该地。

徐继畬从沿海地区吸取的沉痛教训是：中国人太低估了英国的力量。从海上来的西方"夷狄"掌握着比中国先进的技术。

在战争之前，他已经注意到欧洲人向亚洲的入侵，指出他们像蚕吃桑叶一样并吞亚洲的海港。然而在那时候,与他的同僚们一样,他主张的对策不是很现实的。在分析了中国的鸦片贸易史后,他认为杜绝装有鸦片的"夷舶"来华是不可能的,因此,在中国只有通过严惩倒贩鸦片的汉奸、官吏和士兵,鸦片市场才会关闭。他主张采取渐进的政策,以绝烟毒及其根株。他提出,应允许那些吸毒成癖者改掉恶习,但每年每个县应处死十几个吸毒成瘾的罪犯,以惩一儆百。他推断说,如果坚持不懈地推行这个办法,十年之后,能戒毒者自会改过自新,其余的瘾君子们也会被惩治殆尽。

徐继畲强烈地谴责鸦片的主要提供者英国,从它侵占的孟加拉、孟买等地运来毒品毒害中国人民。英夷性近犬羊,唯利是图,不知信义,但是在"富强其国"方面却颇为成功。徐继畲惊呼,英国及其他欧洲国家已经僭据了东南洋各岛国,这对中国来说是一个警报。

得悉 1841 年 5 月,广州向英军缴赎城费一事,徐继畲不以为然,写道:"人共知为以薪救火"。徐继畲认为与英军订立穿鼻草约的琦善是受了"逆夷"的愚弄。而派往浙江的钦差大臣裕谦却是伟大的爱国主义者和英雄。裕谦是蒙古族人,反对琦善和伊里布的和解政策,曾经将几名英国俘虏拷打致死,1841 年 10 月宁波失陷后自杀。

厦门沦陷后,1842 年初,徐继畲给山西的两位学友写了一封长信。这封信已显示出他对西方威胁的性质有了新的理解和评价。

他分析了战争的起因、强盛的英国的特征和中国失败的原因。他把英国人称为红毛中最强大的种族。他们生活在距中国7万里之外的地方,侵占了大西洋、小西洋（印度洋）、南洋、东南洋（东南亚）沿岸的数十处港口。他们的船只最坚固庞大,他们的大炮最猛烈。清朝初年,英国人已经来到广东开展贸易,逐渐运来鸦片骗取中国的银钱。1839年,中国人没收并销毁鸦片两万余箱,却成了他们1840年攻击定海的借口。

徐继畬接着写道,"逆夷"正给有"二百年全盘之国威"的清王朝带来极其严重的麻烦。他们已经使许多文官武将接踵死于战乱。然而耗资巨大的国防却不能拒英国人于国门之外。徐继畬自称一介书生,但是他岂能坐视不理。上级对他高度信任,把他放在严疆要地。他一年以来驰驱海岸,日不暇给,心力交困,其结果却微乎其微。

徐继畬把中国的完整归于"天命"。英国人猝不及防地打败了中国。徐继畬看不起射程只及四十步的中国轻武器,"此外则短刀而已"。中国的大炮也不能与英国的相提并论。中国的军队承平日久,缺乏纪律,素质低劣。英国的海军强大,"海中断不能与之角逐"。他向感到困惑的山西朋友说明,英国人还占领着厦门对面的小岛鼓浪屿,他不愿贸然发起攻击。他提到皇帝已任命怡良作为钦差大臣来闽贯彻"先固守而后议攻"的对策。当时徐继畬等许多人认为,林则徐对西方强国采取的行动,是不切实际的、愚蠢的。正如德庇时后来评论的,"对所有眼光敏锐的人来说，事情已十分清楚，厦门构筑了如此巨大的防御体系，尚且沦陷，同样，英国人也可以轻而易举地夺得其他地方"。

徐继畬还悲叹，英军在搜集情报方面也拥有巨大优势。诡计多端的西方人，雇用汉奸充当爪牙耳目，因而"我之虚实，彼无不知"。徐继畬在结束这封信时用了异常悲愤的一段，它强烈地暗示，中国对英国情况的愚昧无知，在很大程度上是招致失败的主要原因：

> 逆夷以商贩为生，以利为命，并无攻城掠地割据疆土之意。所欲得者，中国著名之码头，以便售卖其货物耳。今见官兵连年败挫，知中国孱弱无能，其志愈侈，其谋愈狡。非大挫其锋，其势未有所止。而水战非我之所长，仓卒无制胜之术。欲与之议和，则彼且索银一千数百万，又必索沿海各要地为码头，岂能听之耶？

的确，在从朦胧的外部世界强行闯入中国的不容置疑的现实面前，徐继畬正迅速地清醒起来。像林则徐到广东后开始收集西方的资料一样，徐继畬终于认识到，引进英国及其他西方国家的信息，认真研究他们的强弱，是多么必要。

1842年农历一月，徐继畬兼任福建粮台，驻在厦门北面的港口泉州。恰巧他的好朋友刘耀椿也在那里。在此期间，他俩无日不相见，继续谈论"天下事""较量古今"。尽管有时他们的观点在开始不尽相同，但是经过反复研讨之后，终能达成一致。刘耀椿容易激动，脾性严厉；相反，徐继畲则颇为温和，性格宽厚。徐继畲取他人性格之长，补自己性格之短。这对于他很快就必须适应的在沿海与西方人打交道的工作，是最可宝贵的。

面对西方的坚船利炮，徐继畲认识到中国的软弱，从而唤起这位爱国官员为中国寻找赢得时间的救世良方。与英国打的无准备之仗，已被实践证明是有勇无谋的蛮干。现在，必须以在中国沿海的欧洲人的军事优势为前提，制定合理的、有效的政策，早在鸦片战争结束之前的好长时间，徐继畲已经认为西方人是中国不能继续漠然视之的外国人了。

八、现代高等教育的开创者

近三十年来,中美学者在相关论述中一致认为,中国现代高等教育开创于1867年(同治七年),开创者是在总理衙门王大臣支持下的首任总管同文馆事务大臣徐继畬。

1865年5月,圣旨下来,徐继畬离开执教十年的超山书院,赴京以三品京堂在新设的洋务机构总理衙门任职;1867年,出任新成立的培养洋务人才的同文馆总管大臣。

到任后,他采取了一系列发展和改革措施,坚持"兼容并包,智周无外"的办学方针,勇于吸纳和借鉴西方的先进文明成果,在不到三年的时间里,做了许多我国教育史上开天辟地的大事。

在徐继畬主持和策划下,同文馆开设了天文算术馆,教授自然科学;招考了第一批学西学的学生;争取到了第一笔西学经费;聘请了第一批中外西学教习;审编督印了第一批西学教材;确立了同文馆的办学宗旨、培养目标以及教师、教材、课程、学制和学生考试等制度,使同文馆实现了由单纯培养翻译人才的学校向现代高等学校的历史性转变。

同文馆的课程开始时只设英文,由英国传教士包尔腾任教习,后来增设法文、德文、俄文、日文。同治六年,又添设算学馆,教授天文、算学。

一切像是"一帆风顺",其实并非如此。

矛盾首先爆发在科目、课程设置与招生问题上。增设天文算学馆、招考科甲正途出身学生的一举措,遭到大学士倭仁等保守派官僚及朝野保守势力的强烈反对,刮起一场小台风。

徐继畬不论从复出的背景,还是现任总理衙门的角色,都无回避的余地,他与总理衙门对此也毫不示弱。尤其是洋务派领袖恭亲王奕䜣,差不多在朝廷是举足轻重的人物。他于1867年1月28日再次上奏朝廷,驳斥了这些言论,重申增设天文算学馆、招考科举正途出身的学生之必要,并建议将天文算学馆的招生对象，扩大到翰林院编修、检讨及进士出身的五品以下京官。

由于有清廷的始终支持，1867年6月21日，在总理衙门举行了选拔考试。但是最终参加考试的人员中正途出身的很少，多是监生等杂项人员。总理衙门无奈，只好降格以求，从七十二名投考者中勉强取录了三十人，入同文馆学习。1868年7月，按照章程规定对这三十人进行考核，结果有二十人因学习没有效果被清退，只留下李逢春等十人继续在馆学习。为了补充缺额，总理衙门奏请谕令上海通商大臣、两广总督、广东巡抚，就该地同文馆内选拔优秀学生来京考试。广东于1867年12月选送了六人到京，上海于1868年4月选送了五人到京。

同文馆随后由小变大。1872年拟订了八年课程计划，计为：第一年认字、写字，讲解浅书；第二年练习句法，翻译条子；第三年讲读各国地理及史略，翻译选编；第四年讲求数理启蒙及代数学，翻译公文；第五年讲求格物、几何原本、平三角、弧三角，练习译书；第六年讲求机器、微积分、航海测算，练习译书；第七年讲求化学、天文、验算、万国公法，练习译书；第八年讲求天文、测算、地理、金石、富国策，练习译书。如果是年龄较大的学生，无暇学习洋文的，可以凭借译本而学习诸科学课程，这样共需五年时间。

同文馆各馆专习一种外国文字，英、法、俄、德四馆的学生各不相混。学生毕业没有文凭，但学业优秀的奖以功名。每三年大考后便授予一批，岁考、季考、月考中都有奖励。

同文馆的毕业生一部分留在馆内，一面继续学习，一面从事副教习的工作，同时大都承担西书的翻译任务；一部分毕业生充当了外交使节的译员。

1876年后，中国陆续在外国设立常驻使馆，同文馆为这些使馆提供了大量的译员。也有不少毕业生到各省担任外交译员及顾问的，后来这些毕业生渐渐升任了外交要职：1888年有升任使馆秘书的，1896年有升任驻外总领事及代办的，到1907年有四人分别出使日本、英国、法国和德国。也有一部分毕业生在国内进入政坛，有的在各地任知县、知府，有的在电报局、制造局、船政局或军事学校担任了要职，还有两名担任了皇帝的英文教师。

1902年，同文馆并入于1898年创建的中国第一所具有现代意义的大学——京师大学堂，即现在的北京大学。

"九层之台，起于垒土；千里之行，始于足下。"没有徐继畬等人在1865—1868年间为同文馆的扩大和提升所做的艰苦努力，不会有中国现代高等教育的蓬勃发展。

当然，由于君主专制和科举制度的挤压，同文馆和同时期各地办的同文馆，作为西学西艺的摇篮，规模与我国今天的大学无法相比。但它作为一种早期模式，是我国高等院校的发展的有力探索。

可以这样说，徐继畬是名副其实的我国现代高等教育的开创者，是我国第一所现代高等学校同文馆的首任校长。

九、执教超山书院

超山书院创建于康熙四十二年,是县官王绶的业绩,院址在平遥县城南大街,乾隆末年堕废。嘉庆二十四年,知县杨霖川在本县集资白银两千两,在文庙学宫明伦堂与尊经阁之间盖房三十间,讲堂三楹,于是书院有了地方,然束脩、膏火无所出。道光十九年,知县靳廷钰与绅士郭宪章、刘充实,将获捐的万两白银贷给店铺，以每岁利息六百五十两作为书院经费，于是书院开始招生。之所以命名超山书院，是由于平遥县城东南二十五公里处之巽位有一座山清水秀的名山——超山，把书院叫作超山书院，是代表文风文运高峻之意。书院对山长的要求很高，由绅士寻访进士出身的硕学鸿儒，禀县尊送关敦请。从1839年到1904年，超山书院前后聘请进士出身的山长十二人。

　　咸丰六年，徐继畬在上党防堵竣事，平遥官绅延请，其受聘为超山书院山长。其时，平遥的票号业、商业正在兴盛时期。当时全国票号五十一家，而平遥就有二十二家，分号遍布全国各大城市及商埠重镇，分号总数达三百六十七个，形成了庞大的金融网络，汇通天下。它除为国内外贸易和商品流通提供了充足的资金和服务外，一度时期，曾全力承担了国家财政的职能。正如余秋雨先生在《抱愧山西》中所述："在上一世纪乃至以前相当长的一个时期内，中国最富有的省份不是我们现在可以想象的那些地区，而竟然是山西！直到本世纪初，山西，仍是中国堂而皇之的金融贸易中心。""北京、上海、广州、武汉等城市里那些比较像样的金融机构，最高总部大抵都在山西平遥县和太谷县寻常的街道间，这些大城市只不过是腰缠万贯的山西商人小试身手的码头而已。""在山西最红火的年代，财富的中心并不在省会太原，而在平遥、祁县和太谷，其中又以平遥为最。""平遥西大街上中国第一家专营异地汇兑和存、放款业务的'票号'——大名鼎鼎的'日昇昌'"，"这是今天中国大地上各式银行的'乡下祖父'，也是中国金融发展史上一个里程碑所在。"平遥经济如此繁荣，势必对文化教育提出高要求，平遥人愿意投资办教育，并且一定要请"进士之有品学者"执教，徐继畬当然是最理想的人选。当他在福建任巡抚时，曾给朋友写信，计划有朝一日还乡后"赴介休设馆，（闻）义安村之十方院，现尚完好"。

1856年返回五台后，山西首府太原的绅士们邀请他到晋阳书院，他谢绝了。当时的超山书院是由"董事二十四家轮流值年管理，官吏概不经手"，因而很合他的心思；加之平遥发达的经济，不少地方符合他改革开放的想法，大约也是他愿意到平遥的原因。

主持超山书院

徐山长主持超山书院后，带领地方绅士集资把书院整修扩大，装修了三楹讲堂，增修了十间房，修路筑阔巷，中间铨砖为门，颜以版额，亲书"敬业乐群"。此时，书院共有房四十三间，"于是书院之规模乃大"。

徐山长说他"外吏多年，学殖荒落，惟少时困礼闱者十余载，于制义一途尝耗心血。衰年重理旧业，尚有端绪可寻，遂埋头于此。日与诸生分甘苦，杜门却扫，居然冬烘面目矣。"徐山长每月院课一次，他教书常采用讨论式，师生之间、诸生之间提倡研讨、争辩和发表自己的独特见解，学习气氛较为宽松活泼。徐山长招生唯贤，有教无类，家庭经济困难学生每月享受书院助学金，

破冰醒世 徐继畲

全院生童膏火及杂费银全年共三百两，平均每生每月一两，为此，普通人家子弟都能入院就读。由于徐继畲知识渊博，治院严谨，督课认真，教学有方，学院教育质量快速提高。据传，徐继畲执教之前，平遥人中举，几乎是死一个举人，才能中一个举人。但自徐继畲执院后，乡试、会试得中者很多。

徐山长在平遥超山书院除做好院内工作之外，还帮助商家干了不少事，平遥第二大票号蔚泰厚的票规制度就是经他协助修订的。这期间，他与交城卦山书院山长梁述孔（定襄县人，进士出身，曾任过超山书院山长）多次互访，交流学术及治院方略，并与梁述孔有诗文唱和。闲暇，批注了《后汉书》，分析了汉王朝由盛转衰的原因，《松龛先生全集》里收集的许多作品完成于这个时期。这个阶段，徐继畲还对山西的地理作了进一步的考察和研究。退隐之后的徐继畲开始写诗，他谦虚地写道，他并不是一个好的诗人。然而他的诗篇，很快就在当地争相传诵。

他的诗歌总集《退密斋吟稿》中，写有关平遥的约三十首（组）。如《初到平陶设帐闲吟学放翁体二首》：

之一
如云意气竟何为，
一笑归来只自嗤。
老不能耕聊借笔，
心无所用漫裁诗。

鸟声细碎随风度，
花影迷离趁日移。
早悟投闲有清味，
罢官已悔十年迟。

之二
官职声名两索然，
半存痴黠得天全。
狂花直待无风定，
病树何劳著雨偏。
一日抛书鱼失水，
有时思饮骥奔泉。
独嫌家室犹多画，
安得排云学散仙。

诗写得朴实自然，写出了自己特定场景下的心情、思想，特别抒发了对书院工作的热爱和得心应手，对尔虞我诈黑暗官场的厌倦。

《平遥县志》里还收录了他与弟子乔明经游三畛鸣凤书院的一首五言长诗：

门人乔明经邀游冀氏小园，偕李广文盘桓至夜乃归，诗以记之。

破冰醒世 徐继畲

性本乐山林，城居苦促局。
尘氛兼行潦，车马纷相逐。
春事已将阑，犹未睹新绿。
万紫与千红，梦想劳心目。
杖策竟何之，裹徊徒仰屋。
乔子吾门彦，开讲城之麓。
居停有小院，其内繁花木。
邀我往一游，云可医吾俗。
欣然投袂起，代步有轮轴。
入门扶杖行，清冷如入浴。
园约三亩余，花树纵横簇。
桃杏已凋残，白楂正芳馥。
丁香紫白分，寿丹黄似菊。
桃梅逗嫣红，玫瑰香犹蓄。
藤蔓郁虬龙，枸杞双蟠曲。
余树不知名，枝干或已秃。
平地草如茵，马兰兼苜蓿。
又有诸葛菜，采之不盈掬。
环坐小亭中，天籁生空谷。
啜茗当春风，萧然远尘浊。
西南有鱼池，冀可濯吾足。

颓涸已多年，清波无一掬。
东北有高台，云可拱远瞩。
扶掖强一登，旷野铺芳缛。
游罢进晚餐，斗酒欢相属。
先生馔已半，谁谓食无肉。
剧谈久忘倦，黄昏继以烛。
广文风雅士，精神常满腹。
买邻得僧珍，茶饭屡更仆。
周游适我愿，顿抛愁万斛。
慨念时事艰，兵戈填九服。
扰扰著黄巾，纷纷逐秦鹿。
皇天佑有商，中兴一何速。
封豕及鲸鲵，次第都歼戮。
吴越既澄清，三秦皆克复。
北地剩游魂，鞭箠堪笞扑。
既欣年岁丰，兄值村醪熟。
太平有遗老，兹游当再续。

徐继畬在平遥，常怀忧国忧民之心，"热血未寒，寸心不死"，在这首诗中得到充分体现。他还为地方防务做了许多大事，也曾向皇帝及山西地方官提了不少建议。

徐山长在超山书院的年薪三百两银子，与县令年俸相等。之外，他当私人教师又挣得三百两，由于养活着八口之家，又要捐款防务，还要资助穷学生，所以经济很不宽裕，每日粗茶淡饭，过着俭朴的生活。平遥有钱人很多，看着徐山长的清贫，很不是滋味，多次提出给他增加薪金，但他坚守信诺，概辞不受。后绅士们遂以求写家谱序、墓表、墓志铭等为由，予以酬劳，弥补此憾，徐也"遵古名人卖文之例，收其谢仪"，每年增加二三百两银子。

同治元年，徐山长因年迈体弱，提出欲归故里。平遥人说什么也舍不得，"官绅揽袪，投辖坚留，不听其去"。这样，徐山长又在超山书院主讲三年。直至同治四年五月，圣旨下来，徐重新得到重用，方才离开超山书院。据《平遥县志》记载，本县各界人士及诸生弟子为其举行了隆重的欢送仪式，送行的轿车队伍长达数十里，徐山长的轿车已到达祁县城（距平遥城二十二公里），后面的轿车还在平遥城。在徐的一再阻止下，仅让少数轿车陪送回五台。徐山长威望之高，得人心之深，在平遥历史上是少有的。

徐继畬在平遥执书院十年，为他日后任京师同文馆事务大臣，积累了许多经验。两次鸦片战争的教训，擦亮了中国有识之士的眼睛，徐继畬的"器识深沈，谋猷卓远"受到重视，这就是罢官十三年后又启用他的原因。他被委任为总理各国事务衙门的大臣、太仆寺卿兼同文馆大臣。1862年8月，同文馆开馆，原只培养外语、外交人才，1867年，徐继畬任总管同文馆事务大臣，坚持"兼容并包，智周无外"的办学思想，勇于吸纳和借鉴西方先进文明成果，增设天文算学、国际法、微积分、世界地理、历史以及声、光、电、化等自然科学课程，使同文馆实现了由单纯培养翻译人才的学校向现代高等学校的历史转变。同文馆实为中国第一所现代意义的高等学府，为中国培养了不少现代化高级人才，仅派往各国的使臣就有十三个。1902年，同文馆并入京师大学堂，再往后，京师大学堂又改为北京大学、北京师范大学。由此可知，徐继畬事实上是中国现代意义的第一所大学的首任校长。

1866年之后，《瀛环志略》在中国有许多版本发行，曾国藩、李鸿章、郭嵩焘、王韬、康有为、梁启超都把此书奉为至宝。此书对维新主张、洋务运动、戊戌变法、辛亥革命都产生过重要影响。

徐继畬的复出促进了中外交往，总理各国事务衙门大臣董恂写道："各国使臣闻公至，皆欢忭，持酒榼，诣署谒公。其为异国所敬服，与辽人中国相司马之言无异，而公所著《瀛环志略》，中外奉为指南矣。"1867年10月21日，美国驻华公使蒲安臣代表美国总统向徐继畬赠送了由美国当时最好的画家仿吉尔伯特·斯图尔特作的华盛顿画像，仪式十分隆重，蒲安臣发表了热情洋溢的长篇致辞，徐发表答辞。美国各大报纸都在显著位置报道了这一盛典。此外，美国第四十二任总统比尔·克林顿访华，在北大演讲时也提到徐继畬是中美友好的先驱。

超山书院的历史发展

超山书院一直办到光绪三十年，根据清政府《钦定高等小学堂章程》，改为平遥高等小学堂。学生兼学东学西学，还开设英文。高等小学堂是当时平遥的最高学府。由于超山书院弟子都是秀才，高等小学堂是书院改来的，又学习了西学，所以人称该校学生为"洋秀才"。

随着形势的发展，1924年，由超山书院的弟子、清末的举人赵鸿猷、武维康、侯福昌、董允文、宋梦槐等人把高等小学堂发展为私立中学，地址仍在超山书院原址，校名励志中学。1928年，励志中学收归县办，改名为平遥县立初级中学。1949年与太岳中学合并，地址仍在平遥文庙，命名为山西省立平遥中学。1951年加办高中，1958年增设大专班，改名为平遥综合大学，1963年综合大学下马，又改名为山西省平遥中学。"文革"后，平遥中学被确定为山西省首批重点中学。2001年荣获全国五一劳动奖状。平遥中学以教育教学质量高而闻名三晋。

十、手批《后汉书》

徐继畬在超山书院期间做的最重要的一件事，就是批注了《后汉书》。这是他在《瀛环志略》之后的又一创举。

如果说《瀛环志略》重在介绍国外，那么，《后汉书批注》则重在国内，旨在研究分析汉王朝由盛转衰的原因，总结治国的经验教训。《瀛环志略》与《后汉书》批注，构成他研究中外国家学说的"姊妹篇"。

他在《后汉书》中最重要的发现,就是"官天下"。"官天下"即公天下,不是私天下、家天下。就是说,国家权力不应一家所有、一代代世袭。

这个"官天下"在儒家经典《礼运》中能找到吗?找不到。我们通常认为中国古人早就提出了"天下为公"的思想,由此即可与西方的民主社会相互印证了。其实远不是这么回事。

有人怀疑《礼运》是老子或墨子所作,也有说是孔子的弟子子游或其他弟子所作。更可信的是战国末年或秦汉之际儒家托名孔子答问的著作。理由是"名曰《礼运》者,以其记五帝三王相变易,阴阳转旋之道"(郑玄),特别是它记载的"天下为公"的理想,以与当时"天下为家"的原则相对立。它假托孔子的语气对"大同"世界所作的描写,正代表了当时作为"民"的思想与他们对古代美好社会的向往。正因如此,才有人把它和老子、墨子联系起来。如果看到秦的暴政与继之而起的农民起义,对于"大道既隐,天下为家"的君主们的自私,所表达出来的不以为然的思想,作为一种非正统的儒家,借"大同世界"歌颂那个可能存在过的"无私"的社会,说出"礼"之所以产生与"五帝三王相变易"的必然之道,也就可以理解了。

《礼记》提出了构建和谐社会的最高纲领。这就是:"大道之行也,天下为公,选贤与能,讲信修睦。故人不独亲其亲,不独子其子。使老有所终,壮有所用,幼有所长,矜(鳏)寡孤独废疾者，皆有所养。男有分，女有归。货恶其弃于地也，不必藏于己，力恶其不出于身也，不必为己。是故谋闭而不兴，盗窃乱贼而不作，故外户而不闭。是谓大同。"同时又觉得目标太高，又提出一个最低纲领，即"今大道既隐，天下为家，各亲其亲，各子其子，货力为己。大人世及以为礼，城郭沟池以为固，礼义以为纪，以正君臣，以笃父子，以睦兄弟，以和夫妇，以设制度，以立田里，以贤勇知，以功为己。故谋用是作，而兵由此起；禹汤文武成王周公，由此其选也。此六君子者，未有不谨于礼者也，以著其义，以考其信，著有过，刑仁讲让，示民有常；如有不由此者，在势者去，众以为殃。是谓小康"。

不论最高纲领，还是最低纲领，"大同"还是"小康"，皇帝的"礼"是干什么的？就是以世袭为正统，来调整各种不平等的君君臣臣的关系，以维护宗法等级制度的社会秩序，其要害就在于把希望寄托在君王身上。他们的一切都是以维护世袭制、私天下为前提的。

而《汉书·盖诸葛刘郑孙毋将何传》记载："盖宽饶，字次公，魏郡人也。……宣帝嘉之，以宽饶为太中大夫，使行风俗，多所称举贬黜，奉使称意，擢为司隶校尉，刺举无所回避……宽饶为人刚直高节，志在奉公，家贫。奉钱月数千，半以给吏民为耳目言事者……是时，上方用刑法，信任中尚书宦官。宽饶奏封事曰：'方今圣道寝废，儒术不行，以刑余为周、召，以法律为《诗》《书》。'又引《韩氏易传》言'五帝官天下，三王家天下。

家以传子，官以传贤。若四时之运，功成者去。不得其人，则不居其位'。书奏，上以宽饶怨谤终不改，下其书中二千石。时执金吾议，以为宽饶指意欲求禅，大逆不道。谏大夫郑昌愍伤宽饶忠直忧国，以言事不当意而为文吏所诋挫，上书颂宽饶……上不听，遂下宽饶吏。宽饶引佩刀自刭北阙下，众莫不怜之。"盖宽饶引用的《韩氏易传》所说"官天下"的三个要点。一、废除世袭制，从国家元首到一般官员，都实行传贤不传子的制度。二、废除终身制，实行任期制。像春夏秋冬一样，官员定期上下岗。尤其不能让成功的领导者长期占据领导岗位。防止秦始皇那样于国家有大功的人，转化为虐民的暴君酷吏。三、能者在位，精简官员，宁缺毋滥。

当徐继畲从《汉书》发现"官天下"有非常明确具体的解释时，会有多么的激动！何况盖宽饶引用的《韩氏易传》，乃文景间燕人韩婴，推阐《易经》之意而成，由韩婴的后人涿郡韩生传授给他。比盖宽饶稍后的谷永，也曾在当朝遇灾异时，引用《吕氏春秋·贵公篇》中"天下非一人之天下也，天下之天下也"的学说，向君王畅呈此言。他说："臣闻天生烝民，不能相治，为立王者以统理之。方治海内非为天子，列土封疆非为诸侯，皆以为民也。垂三统，列三正，去无道，开有德，不私一姓，明天下乃天下之天下，非一人之天下也。王者躬行道德，承顺天地，博爱仁恕，恩及行苇，籍税取民不过常法。"（《汉书·谷永杜邺传》）

这种"官天下"的学说，和《礼记·礼运》天下为公的学说，好像相似，其实有质的不同，根本不是什么可操作性的问题。以此说服君王，其严峻性就如同"与虎谋皮""龙口夺食"。徐继畬当年看准的不正是美国华盛顿的"民主政体"与"不传位子孙"吗？不也正因此而被罢官吗？"在对象中看到自己"，是最具审美惬意的。他在《汉书》中发现的"官天下"，与华盛顿的治国理念打通了。他怎能不觉得如获至宝、惊喜万分呢？只是华盛顿不仅那么说了，而且那么做了。而我们那时只是这么说了，还远未到实践的层面。若按王阳明的说法就是："不行不足谓之知。"何况曾经行了的，后来也早已不复存在了，或早已变样了。希腊的雅典民主、"主权在民"，以及华盛顿一整套的治国理念，现在还存在吗？

从中国来说，"官天下"的概念，使儒家的正统观、世袭制、终身制等一系列观念，都成了"伪命题"，都被颠覆了。

十一、考略与编著

徐继畬的著作,除了《瀛环志略》外,还有历史和地理方面的研究考略专著以及诗文集,以及批注、编注作品等,体例多而内容丰富多样。

历史地理方面的研究成果：

一、《后汉书批注》

徐继畲十分热爱中国古代文化，尤好《汉书》与《后汉书》，尝有圈点评释，但前人一直未见手稿。1941年，闻喜人叶灵原在太原旧书摊购得批注散张，与桂林人郑裕孚整编成册，汇入《辛勤庐丛刊》，但该书遗漏错谬甚多。

1989年，三晋文化研究会在五台县徐氏后代家中发现《后汉书批注》手稿，完整无缺，十分宝贵。书中朱墨批注，除文字注释外，多为评论与阐述己见之批语。从行文看，当是多次批阅而成，足见徐继畲对其之所好。

二、《两汉幽并凉三州今地考略》与《两汉志沿边十郡考略》

徐继畲在研究《汉书》与《后汉书》的基础上，于平遥超山书院讲学时开始撰写《两汉郡国今地考略》，至咸丰八年已撰成《两汉幽并凉三州今地考略》，又撰《两汉志沿边十郡考略》，因忙于课读生徒，批改作业，未及卒业。徐继畲的这两本书，据《汉书》与《后汉书》中的《地理志》与清代《大清一统志》互相参证，间以己意按之，可为读史之助。

三、《五台新志》

徐继畲在平遥超山书院讲学期间，还深入研究了方志学，对地方志的撰写与编排体例提出了自己的看法，并按自己的理论重新编撰《五台新志》，至同治四年撰初稿三卷。因被召入京，他将初稿交侄孙弟子耘田（字实甫）时说："此吾未竟之书，卷四尚缺乡贤、列女、艺文等,他日贤令修邑志,呈之以供采择。体例我则全改旧套,虽不敢比康对山之志武功,李寒支之志宁化,要在归之实是而已。"

徐继畬的诗文及其他研究成果:
一、《松龛先生全集》

徐继畬有《诗集》两卷,收诗一百三十四篇二百五十八首;《文集》四卷,收文八十一篇;《奏疏》两卷,收疏文三十三篇。民国四年,《两汉幽并凉三州今地考略》《两汉志沿边十郡考略》与《徐氏本支叙传》合刻为《松龛先生全集》,民国二十三年收入《山右丛书初编》中。

二、《古诗源批注》

《古诗源》是清朝沈德潜编选的自上古至隋代的古诗和歌谣汇集。徐继畬对古诗很有研究,对此书随读随批,阐述自己的见解。民国年间曾刊印。1989年,三晋文化研究会在五台县徐氏后代家中发现该书徐批残本,使我们能目睹徐批的手迹。

三、《退密斋时文》与《退密斋时文补编》

徐继畬对八股文有较深的造诣,为清中后期八股文大家之一。道光二十九年在福建巡抚任上,曾刊刻所作八股文文集《退密斋时文》,福建学使彭蕴章为之作序。

咸丰七年,徐继畬在平遥超山书院讲学时,又因讲学需要,刊刻《退密斋时文补编》供生徒研读。

徐继畬的八股文，言之有物，不落俗套，深得时人好评。

四、《塾课分编评点》

《塾课分编》是清代王步青编选、评注的八股文优秀作品汇集，共八集。徐继畬在平遥超山书院课生徒制艺，曾评点此书。从评点中，可知继畬崇尚《史记》《汉书》，及唐宋八大家与方苞之文，主张八股文应有古文风格，反对只讲求格套的空疏文风。

五、《举隅集》与《超山书院课程》

徐继畬在平遥超山书院讲学期间，给生徒编印过两本教材：一本名《举隅集》，是他评点前人八股文的汇编；另一本名《超山书院课程》，是他在课生徒作文时所撰范文的汇编。《举隅集》的雕版，目前尚有部分保留了下来。

十二、徐继畬与《五台新志》

清代山西编纂的地方志中,出自名家之手的,首推戴震的《汾州府志》和《汾阳县志》,再就是徐继畬编著的《五台新志》。该志是徐继畬晚年罢官归里、主讲平遥超山书院时编著的。

同治三年冬,徐继畬在平遥书院写信给武芝田说:"五台志多年不修,邑侯余公与门人王西楼议重修,欲弟主其事,弟竟未敢任。一则穷年研食,无此闲暇,衰老多病,无此精力。再则必不合众人之意,故不敢为也。"他在信中批评了"旧志荒略已甚,体例全乖",并且阐述了自己的修志观点。接着又说:"如必欲弟任其事,则请勿掣其肘,体例由我为之,勿令不晓事者旁参议论,采访委之众绅,落笔则独任之,不必设局,即在馆中乘暇为之,两三月即可脱稿。"次年闰五月,徐继畬应召入朝,进京之前,"以所作《五台新志》三卷付耘田"。耘田即徐耘田,是徐继畬的侄孙,也是他的学生,也是以后《五台新志》补注者之一。

以上所述说明,徐继畬将所修五台县志叫作《五台新志》,意在有别于旧志体例,创立新义——这是他接受修志任务的首要条件;其次,《五台新志》的撰写时间,在同治三年冬季到同治四年夏季之间;其三,这是一部没有写完的手稿。徐继畬在三四个月至多不到半年的时间就写出了《五台新志》,主要是他对地理学素有研究,有渊博的学问和扎实的功力,加之"聚族斯土,其所见闻阅历,盖亲且稔矣"——他对于五台的自然情况、社会情况"久经涉历,博访详稽",因而能够驾轻就熟,以相当快的速度完成这部著作。

在徐继畬去世之后,光绪初年,新任山西巡抚曾国荃决定重修《山西通志》。当他看到徐继畬《五台新志》遗稿时,"叹其综核简明,义精文赡,诚著述家当奉为准绳者"。但"原稿末卷,有录无书,赓续之作,尚需采访",遂命五台县令"俾依原目,补辑以成"。先后担任五台县令的孙汝明、王步墀,遵照曾国荃的意见，组织力量，搜集资料，以徐氏手稿为基础，续辑成书，于光绪九年付梓印行。续辑和补充、注释的时间，断断续续，约有五年之久。

光绪刻本《五台新志》共四卷。除卷首的"巡幸"篇和第四卷全文系王步墀所辑外，其余均为徐继畬原纂，郑增耀、徐耘田、刘升瑛、张映环补注，全书共为十八篇。

体例

徐继畬对旧志的体例持有不同意见。他的修志论述，集中在致武芝田书中，在《五台新志》"山水"篇、"人物"篇的引言中，也有一些论述。概括起来，有以下几点：

一是强调根据各县的特点，突出重点。徐继畬认为："五台以山为境，志山要矣。""五台遍地山"，"土人随地命名，不可胜纪，今仅志其最著者"。他批评旧志"且其所载，不过风景奇迹，至于长城岭、黑山，为南北两门户；天和、五洞产石炭，为全县生计之所资；摩天、曹家两寨，天生奇险，曾为土寇所据，皆县境有关系之山，而旧志率略不详。又笃近遗远，于近城诸山，虽小必载，种远则概从缺漏，尤不免墨漏之憾。"

二是对于地理沿革，强调认真考证，以纠正前人著作中的错误。他略举山西多处地理沿革以讹传讹的差误，认为："自古著书者止凭故纸，未尝亲历其地，故凿空者多，实事求是者少，而不知九有山川，千古不能移易，非比空谈理道，可以由人出入也。"徐继畬对古人地理沿革著作的评价，未免有失偏颇，但表明他是主张尽可能"亲历其地"，实地考察的。

三是对于所要记载的事物，主张博采详核，轻重有序，条理分明。他说："县以五台山得名，则志山必应详核。""今以《一统志》为纲，《一统志》所未详者，以旧县志及《清凉山志》补之，并参以顾祖禹《读史方舆纪要》等书，联缀成篇。"对于山川形势原委，"且于每一山下，叙明某山某岭某村之前后左右。"他批评"旧志山川一门最为杂乱无章，轻重失序。除五台山外，其叙次各山，有载方向者，有不载方向者，有详里数者，有不详里数者，即其方向里数，亦多舛误，而忽东忽西，忽南忽北，随意颠倒，绝无次序。"

四是不同意重笔浓彩地描绘所谓"地方八景"。他说："各州县志之八景，始于东坡虔州八境诗，然境也，非景也。后修志者规以为例，九则削其一，六则凑其二。"接着列举所谓五台八景，除"石窟跃鱼颇奇"外，其余都不能称为奇景。

五是关于地方志中人物立传的分类和标准，徐继畬提出了自己的主张。他说："旧志于人物一门，分乡贤、名臣、儒林、隐逸四项殊属牵强无理。夫立德、立功、立言，古所谓三不朽也。于三者有其一二，在一邑中即可列于人物。县志与国史不同，多列名目，适增抵牾耳。"他的意思很明白：人物分类不宜过细；凡在地方上做过好事，有过贡献的，或者事关大局的人，皆可立传。

六是关于文艺杂录，他不赞成把方志搞成文人游戏、随俗应酬的汇集。他批评旧志"所胪列者，则各丛林、名目、碑记，不过抄袭《清凉志》而已"；"又载帮腔戏文出家之杨五郎，岂不令阅者齿冷。又艺文志所载清凉山诗，多近代人作，颇有打油恶札。"

徐继畬的修志体例，在他修撰的《五台新志》中得到充分体现。以"山水"篇为例，全篇共记载七十三座山，其中，徐继畬新补写的二十二座，在旧志基础上加以改写的十六座。记叙次序，以五台山为中心，首先记叙中台、东台、南台、西台、北台；接着记叙县治附近十余里内诸山，然后，按"东路诸山""南路诸山""西路诸山""北路诸山"的次序，依次记叙。各山的位置、方向、距离县治的里程，各山的形势、状貌、特点，都加以简要说明。五座"台山"，则详略互见，繁简相资。每座山的高度、山顶面积，每座山上有哪些岭、岩、峰、台、泉、洞、池、窟、寺、庙、观、庵，都一一介绍。一些关系全局的大山，包括矿产资源、关口大道、军事要塞，以及历史上发生过的重大事件或者重要传说，都有扼要的记载。记叙山脉之后，接着介绍境内的河流、泉水，共二十一处。每条河流的源头、流向，沿河治水用水的概况，都有比较系统的记载。读过《五台新志》"山水"篇之后，对于境内的山川大势，洞若鸟瞰，朗朗在目。这正是徐继畬的得力之作。

清代著名的历史学家、方志学家章学诚，创立方志学，形成完整的修志理论体系。徐继畬的若干修志观点和实践，大都同章学诚的修志理论一致或者接近。比如，章学诚主张志书"人物当详于史传，而不可节录大略"。名宦传记要说明此人"曾任何职，实兴何利，实除何弊，实于何事有益国计民生，乃为合例"。章学诚还认为，凡是"浮夸形胜，附会景物者，在所当略"。这些观点，都在徐继畬的修志体例或修志实践中得到体现。

章学诚和戴震在修志体例上，有极不一致的地方。戴震认为："夫志以考地理，但悉心于地理沿革，则志事已竟。"把地方志归于地理类。章学诚则认为："夫家有谱，州县有志，国有史，其义一也。"方志"本非地理专门"，而是把方志作为一个地方的历史。章学诚强调地方志有几大功能："方志为国史取裁"提供翔实的史料；方志作为地方文献，应对"兴举利弊，切于一方之实用者，则皆核实可稽"；"史志之书，有裨风教者……使百世而下，怯者勇生，贪者廉立。"概括地讲，就是发挥存史、资治、教化的作用。

徐继畬编修《五台新志》，博采章、戴两家之长，形成自己的体例。他既继承了顾炎武倡导的、章学诚强调的"经世致用"的治学传统，又注重地理沿革的考证。他对戴震所修《汾州府志》和《汾阳县志》是很推崇的，认为"考核之详确，方驾顾、胡，其纠正前人错误之处，尤为精确不刊。"无论"经世致用"，还是求实考证，从《五台新志》的内容来看，都有充分的反映。这是徐继畬在治学方面的一大优点。

破冰醒世 徐继畬

志中人物

徐继畬在《五台新志》"名宦""人物"两篇中，共立传七十人（不包括续辑者续写的人物、乡善、列女等），其中，在旧志的基础上增改十六人，新补十八人。可以看出，凡是增改特别是补写的，都是徐继畬心目中的重点人物，他不惜篇幅地记叙他们的生平业绩。一般说来，旧志中的人物传记，往往是三言五语，十句八句，就概括了一个人的一生。而徐继畬增改或补写的人物，往往行文五六百字、七八百字，甚至一千四五百字。花费这么多的笔墨，不是一般地叙述一个人的一生，而是突出重点，抓住典型事件，有情有节地叙事状物，甚至通过细节的描写，反映传主的精神风貌。徐继畬着意记叙的人物，大体上有这样几种：

第一，廉洁自守，反贪拒馈。

五台姚一让，明万历年间在直隶任知县。按照当时旧规，该县每年须摊派白银三千两，作为县官公费。姚一到任，立即革除这一旧规。后升任刑部主事，前往直隶八府复查案件。有一县令犯罪，法不当死，但原审坐以大辟。一让经过详细审查，查清他的冤案后予以释放。此人感激救命之恩，遂给一让馈送一万金祝寿。一让大怒曰："吾平反冤狱耳，岂鬻狱乎！"严词拒纳。

第二，为民请命，废除苛捐杂役。

清朝政府规定：从五台县正供钱粮之内拨银一千二百两，交由喇嘛自行采购米面茶油。有的县令侵吞此项银两，而将供应负担转嫁百姓，喇嘛亦趁势勒索，百姓每年费出五六千两白银，延续多年，竟为常例。雍正年间，新任知县陆长华，欲废除这一陋规，但因喇嘛势大，难以下手。适有一民妇被喇嘛头目强奸自尽。陆长华抓住这一案件，亲缚罪犯，并备陈喇嘛科派横索扰民情况，请准朝廷，将恶僧正法，科派之弊亦永远革除。"合县出水火，喜若更生。"

乾隆四十六年，清高宗弘历巡幸五台。雁平道台缪其常负责皇帝行宫的修建工程，无偿征用大批民工，不付工钱。五台县令王秉韬谒见道台，为民请命："山谷之民，糠核恒不饱，今乃使枵腹就役，匝月逃亡且尽。翠华莅止，设有在道旁呼冤者，公能任其咎乎！"道台无以分辩，只好酌定雇值。王秉韬又请于道台说：动工要用土，五台有石无土，耕田多系山洪逐年淤成，"艰苦甚矣"，"官工取土，田主在旁啜泣，其情可悯，乞与修复费，使之再淤成田"。道台不得已，只好补偿取土费。

第三，藐视权贵，执法如山。

五台杨梦弼，明万历年间，担任河南开封府同知。当时，封藩仪封王仗势作恶，"所为不规"。杨梦弼建议河南抚按向朝廷劾奏。抚按感到为难，梦弼大声曰："读圣贤书，所学何事？""今强藩不法，安忍坐视！"于是亲自晋京具疏上告。仪封王害怕了，向梦弼行贿十万金，梦弼即将贿金如数上缴朝廷。皇帝下诏削去仪封王的王爵，废为庶人。这一冒犯皇室的义举，震动中州，杨梦弼被称为"小包爷"。

第四，整饬吏治，革除弊政。

五台征收地丁册籍，向来交由里书收执，"欺隐弥缝，弊端百出"。全县分八都，每都十甲。一都用催粮里老三至五人，一甲又用"递年"十数人。康熙二十二年，周三进任五台县令，尽收册籍存于县署。他认为："里老已足，递年何为！""此数百人者，工食皆取之花户，一岁费约千金。吾稍受其劳，为吾民省千金之费，不亦可乎！"于是永远革除"递年"之职。

五台徐润第于嘉庆十六年升任湖北省施南府同知。到任后，翻阅卯簿，发现胥吏竟达八百多人。经过调查，多数是"游手无籍，挂名充役"的。这帮人"罗织殷户，唆人捏控，得贿则上下分肥"。润第不胜感慨曰："畜虎狼数百，而唊其搏噬之余，是盗贼也，何以官为！"除挑选老实简朴者数十人留用外，其余全部裁汰。至于那些以诬陷好人为业、贪赃受贿的，则从重惩处，政风为之一变。

第五，有兴有革，为民争利。

金代张大节，五台县人，担任震武军节度使时，部有银冶，主管部门认为"争盗由此生"，主张"官辖为便"。张大节持相反意见："山泽之利当与民共，且贫而无业者，虽严刑能禁其窃取乎！宜明谕民，授地输课，则游手者有所资，于官亦便。"铁冶向由官营，张大节力排众议，主张"当与民共"，是有见地的。

道光三年，直隶大水，担任河间府知府的五台人徐寅第，督饬部属查实灾情,"户口勿漏",计需救灾款近二十万金,有司以为太多,寅第坚持不减,卒如所请,"灾黎得免沟壑"。大水之后,寅第建议兴工筑坝,上司提出以工代赈,寅第认为:"今决口数十,需秸料甚巨""专用工赈例,料无所出,官不能赔,必借资于民,灾黎唉草根不饱,又因之以科派,非惟府怨,事且不济。"道光四年,朝廷派员察看水利,都佩服寅第所辖工程与众不同,"叹其实心任事"。

第六,兴学育才,改变文风。

五台地处偏僻,文化落后。乾隆年间,县令王家正利用文庙旧址建立书院,并捐献自己的薪俸作为延请教师和津贴学员的"修脯膏火"。到乾隆四十四年,新任县令王秉韬感到这个办法势难持久,于是建立"同善会",向士民募捐,"得四千金,发商生息",在旧址增建斋舍,聘请名儒为师。并令全县各地兴办义学,教授蒙童。从此,五台"文风顿起"。

从上述数例可以看出,徐继畬所极力宣扬的人物,或廉洁奉公,或革除弊政,或整饬吏治,或除暴安良,或为民请命,或兴学育人,大都是他所尊崇的"立德、立功、立言"的人物,也是章学诚所倡导的"实兴何利,实除何弊,实于何事有益国计民生"的人物。应当说,徐继畬是继承了我国封建社会历史学的优良传统的。

如同所有的旧志一样,《五台新志》立传的人物都是上层人士,都是士大夫阶层,它没有也不可能为劳苦大众立传。但是,徐继畬十来年的教书生涯，使他对民间疾苦和社会现象有较为真切的观察，因而在《五台新志》的其他篇章中，频繁地记载了劳动人民的艰辛劳动和贫困生活。他在"生计"篇中，叙述农民"皆以耕种为生，山巅有片土，履险而登，刨掘下种，冀收升斗，上下或至二三十里"，"农功稍暇，皆以驮炭为业"，"山路崎岖盘折，高者至数十里，民皆驱驴骡往驮。无驴骡者背负之，捷者能负百余斤。夜半往，傍午归，一路鱼贯而行，望之如蚁"，"农民完课授衣，婚丧杂费，皆赖乎此"，"闲民腰斧入山砍柴，扪萝攀葛，履胜貙之径，蹈虺蝎之窟，负归卖于街市，易一升粟"。在"风俗"篇中，专门讲到庶民百姓的生活状况，"五台地本贫瘠，其俗之俭为尤甚"，妇女"数米而炊，无敢浪费者"，"南路地狭人满，丰年亦杂糠秕"，"麦珍如珠，非祭先供客婚丧不用"，"稻米则供客或病人煮粥，偶一见之"，"家腌萝卜、蔓荆一瓮以御寒，春夏多食野菜"，"贫家终年不见肉，惟度岁方割片肉为水饺"。书中所叙，尽管是一百几十年以前晋北农村贫苦农民的生活景象，但在旧中国生活过的人，对于那种苦难生涯的情景，该是记忆犹新的。

徐继畬于道光十年进入仕途，宦海沉浮几十年，眼见中国沦为半封建半殖民地社会，统治阶级奢侈腐化，整个官僚机构贪污受贿成风。对于官场中的黑暗现象，徐继畬当然有较深的了解。他不可能在县志中给那些贪官污吏立传，而是通过历史事件的叙述，作为背景和陪衬，在一定程度上揭露了官吏的贪婪、腐败和昏庸无能。他在《张腾霄传》中，叙述张腾霄任九江镇标右营守备后，谒见右营游击："补服花衣带刀跪呈履历。游击某方短袖卧帐中吸鸦片烟。腾霄大怒，掷手板，从床上捉之起曰：'汝何人，敢冒充上官！'游击曰：'此间向规如此。'"寥寥数笔，揭露了清末官场腐化堕落的一个侧面。

顾炎武在评论《史记》的特点时说："古人作史，有不待论断而于序事之中即见其指者，惟太史公能之。"徐继畬在《五台新志》的人物传记方面，也有不少工于素描的精彩之笔。如写刘溥元，"弱冠入泮，治举业，勤苦忘寝食。尝随父理梨树园，归取午餐，提筐行，默创腹稿，文成趋学舍急书，遂忘馈。家贫，腰镰刈草饲驴，方拈题构思，行临断崖，不觉失足落涧中，几殆"。在徐继畬笔下，一个醉心于科举八股的书呆子形象，栩栩如生地出现在读者眼前。

徐继畬作为道咸间名臣，在官场几十年，勤学不辍，博闻强识，著述颇多，在历史学和地理学领域的成就尤为显著。在他晚年，更加注意研究西北边疆地理，著有《两汉幽并凉三州今地考略》等考注类著作。他的学术研究成果，在晚清学界应有一席之地。

十三、徐润第父子的思想传承

"父进士，子进士，父子进士。"这是自清代以来就流传在五台民间的一句俗语。以此来描绘徐润第、徐继畬父子，最形象不过。

然而，从更深入的层面来分析，徐氏父子能得到当世人的景仰，后世人的传颂，与其家族文化思想上的一脉相承是分不开的。

华夏文明"直根"在山西。山西既是黄河流域文明的重要源头之一，也是中华文明多元一体格局的重要演化区域之一。正是源于此，每到文明式微、社会动荡之时，山西作为华夏文明的标本，便被纳入学术的视野，在动辄以数百年计的治乱之间，鉴往知今。山西儒士有着贯通历史的学术自觉，隋唐时表现典型，从而绵延至近代，或隐或现地形成一个河汾学。

徐继畬的学术源流，倒推而上，可以发现绵延千载开放的河汾学集大成而开放包容的气象。远溯赵国荀子，是先秦诸子思想的集大成者、先秦最后一位大儒。张庆利在《先秦文学》中，关于荀子与孟子并提："其实若就环顾周围的世界，敢于自称'舍我其谁'的锋芒毕露的气概而言，荀子和孟子又是非常近似的。人们常以孟、荀并称，恐怕不仅由于孟子的性善说与荀子的性恶说针锋相对、并世而立，也由于这种天降大任于我的自命不凡。在士当以道自任这一点上，荀子守住了儒家的传统。"隋末大儒王通，提出"三教可一"，于黄河、汾水间设馆授课，"河汾门下"在大唐王朝"三百年之业，斯门人之功过半矣。"北宋司马光编《资治通鉴》编年体通史，主张儒家道统要开放包容，与周敦颐、程颢、程颐、邵雍、张载被朱熹称作"道学六先生"。在辽、金、蒙元与宋之战争和对峙时期，元好问成为胡汉文化交融孕育出的奇葩。元好问重质朴、自然、气度、风骨，正是由于他"生长的那一个胡、汉混合的辽、金边区文化，从某种意义上来说，正是唐文化的延续。由于精神上血脉相通，他能得唐诗之神髓也就不足为奇了"。

　　明初河东大儒薛瑄批判和改造朱熹理学,长期聚徒讲学,开创"河东学派"。薛瑄为"知行合一"的"实践之儒",认为"实理皆在乎万物万事之间,圣贤之书不过模写其理耳!读书而不知实理之所在,徒滞于言辞之末,夫何益之有"!其"洁修""矫激"的道学风格非同一般。明清之际,从全国范围而言,山西学风不振。故而,黄宗羲在《明儒学案》中评薛瑄时称:"河东之学,悃愊无华,恪守宋人矩矱,故数传之后,其议论设施,不问而可知其出于河东也。"梁启超在他的《近代学风之地理的分布》中评价道:"山西学风廖阒特甚。清初可述者,仅一傅青主山以气节文章名于时,盖古之振奇人也,不得目以学者。"黄宗羲和梁启超的议论恰恰凸显傅山文化气质中"气"的根本性哲学问题。推究其原因,与朱元璋建立明朝后,因山西地理位置之重要,诸王封晋不无关系。明代先后分封到山西的有晋王、代王、沈王及其后裔。诸王一方面被防控严苛,难有出路;另一方面又横行地方,肆意搜刮,激化社会矛盾。明中叶后,虽仿宋代,开仕途、习四民业等,但积弊难返,收效甚微。此中状态,大异于唐、宋甚至元。仕途难求,而商路畅通,亦为"开中法"之外间接结果。山西历来受中央王权影响甚大。明初,讲学之风大兴。晋阳三立书院"造士,士多得第"。中晚明之后,学术生态逐渐恶化,至明清之际,一度兴盛的三立书院颓废,农民起义的破坏更加剧了这一态势。

明末清初，国难当头，山西由于表里山河，免遭战火涂炭，积淀的文明火花持久发酵，酝酿走向未来的火种。山西学术的时代转换意义在于：其一，清初由明之遗民主宰学术界。时称"南方多聚于冒辟疆之水绘园，北方则以丹枫阁为极盛"。祁县丹枫阁和傅山，是汇聚南北学者的重要因素，山西学术为之一振。傅山生于晚明，学术涉及哲学、先秦诸子学、文学艺术、佛经道藏、训诂考据、金石篆刻等领域，有"学海"之称。其二，中西交通的微澜。中西交通，历史悠久，到明清鼎革之际，是为"西学东渐"。明万历末年，绛州韩霖为京官时，与徐光启相交，受洗入教。万历四十八年，意大利耶稣会士艾儒略到绛州传教。由此，天主教传入中国。万历、天启年间，内忧外患，封疆大坏。韩霖向徐光启学兵法，向传教士高则圣学铳法，著述甚丰，有《守圉全书》十四卷传世。其三，傅山主张贯通经史诸子，斥"理学"之虚，倡"心学"之实，认为气在理先、善恶相对，要凭"良知"行事，开始从"性理之学向经史之学"转变。傅山提出著名的"市井贱夫可平治天下"，认为工商业者中的杰出人物完全可以治国平天下，与黄宗羲、王夫之、顾炎武等共同倡导工商皆本的观念。傅山"眼光向下"，也与"门人上自师保公卿、下逮士庶樵陶农吏"的晚明显学"泰州学派"，聚潮共振。傅山被一代文宗关中李因笃称为"河汾文献未全空，《蛊》上《乾》初有是公"。

徐继畬受其父徐润第影响至深。徐润第"治陆王之学，特精于《易》",会通儒佛道,平生私淑傅山之学,是山右心学第一人。徐继畬被罢官后受聘平遥超山书院山长。在其主持下重修的书院中、右、左三门的题匾分别为:"敬业乐群""法洙泗""衍河汾"。清代以来的山西学术在停滞不前中有了一些新变化:一是傅山热;二是以寿阳祁寯藻开创、平定张穆发扬光大的西北边疆学、考据学派;三是五台徐氏父子。常赞春《常子襄国学文编》中称:"五台徐广轩究心阳明学派,文亦清劲。子徐继畬作《瀛环志略》,世尤称重。然文学以举业特长,亦成一种风气。"

《五台新志》记徐润第:"润第性质刚毅,有大节,简易通达,不解沽名,生平一介无苟取。服官二十余年,衣不盈两笥。""中岁即潜心易学,悟入元微,先儒理学之书,读之殆遍,旁涉二氏百家,皆以易象折衷。"徐继畬辑录其父所著诗文为《敦艮斋时文》和《敦艮斋遗书》,评价其父"制义以理法为主,探源于史汉八家,独得乾坤清气"。《五台新志》载徐继畬:"为人器识深沈,行政务持大体,于通商事务,尤老成远虑,洞悉时势。忠爱出于天性,自受知遇,一念报国,死生以之,不解沽名。"《清史列传》称徐继畬:"继畬父润第,治陆王之学。继畬承其教,务博览,通时事。在闽、粤久熟外情,务持重,以恩信约束,在官廉谨。"徐继畬的真情血性,源于山西厚重的学术底蕴,更是庭教所致。

徐润第坚持心性本体,要"心常虚也""虚则物我之形骸化,彼此之畛域泯,而内外合一,胸次间一片清明"。正如《庄子·天下》惠施所谓:"至大无外,谓之大一;至小无内,谓之小一。"其世界观让我们油然想起莎士比亚在《哈姆雷特》中著名的台词:"即使被关在果壳之中,我仍自以为是无限宇宙之王。"斯蒂芬·霍金借此命名其书为《果壳中的宇宙》,并揣测到:"哈姆雷特也许是想说,虽然我们人类的肉体受到许多限制,但是我们的精神却能自由地探索整个宇宙。"王阳明去世时留给学生的一句话是:"此心光明,亦复何言?"

要言之,在徐润第的教导下,徐继畲的好奇心在于其"内心澄明",方能"实事求是"。心打开了,世界自然会进来。徐润第"反复阐明艮巽二卦、四端隅,申说艮背之义",并自命其书斋名"敦艮斋"。"艮"是虚的境界,"艮其背不获其身,行其庭不见其人,其道光明也"。《荀子·解蔽》中有言:"心何以知?曰:虚壹而静。"其意在于,求知要摒弃偏见,平等真诚地感悟思考,才会开发出解悟与智慧,从而举一反三,豁然贯通。因而"通人不辟异端"。

嘉庆十七年,徐润第于湖北施南知府衙门接到徐继畲书信,回谕其子(徐继畲时年十八岁,在京城受业于高鹗),以自身经历教谕徐继畲面对不测时,要"平昔心中一切私己、薄人、忌嫉、冷漠、阴贼、短绝、便宜、巧诈诸念头,凡有伤于天心仁慈公普者,时自蠲除,秉一个空荡荡热腾腾的心,委命投诚于天,以待其救星者也"。

处事之策则如行文,要"一题到手,立身题外,就题中自具之脉络，出之而已矣。一事到手，置身事外，就事中自具之层次，为之而已矣。题不能有正而无反，事不能有好而无歹。不置身于外，将以趋避之私泊之，而端绪迷矣。《易》曰：'艮其背不获其身'，置身事外之谓也；'行其庭不见其人'，就事中自具之层次，为之而已矣。"为学是"自修之事"，"勤读经史，体认义理，乃心术人品文章功名之本。""近世以为取科名事，可谓大迷。轻重本末之辨，尔须知之。"

就徐继畬书禀"自省病痛，着力'恒忍'"，徐润第指出："如是甚善。人苦不自省，觉得病痛，便是药也"。恒忍"直须智勇兼全，方可言耳。智以察其旨，勇以赴其机。赴机有造，则察旨弥永。察旨渐深，则赴机益决。在《易》雷风为恒。巽而善入，如风之无微不入。震而善动，如雷之无坚不摧。内之入，外之动，一刚一柔，动静交资，知行并进，而后恒可言也。巽，智也；震，勇也。二者缺一不可。"

徐继畬问"寡欲"，徐润第肯定这是"诚切问也"，并指导道："人心属火，不能无所寄。寄之粪草，恶臭冲天也。寄之檀炉，香气满室也。有檀不焚，而恶其燃粪草，火岂能离物而燃于空哉？""然则子欲寡欲，亦慎夫心智所寄而已矣。""慎夫心之所寄，须于念虑始萌时。""若入草既深，拽之费力矣。""为人要为大人。人之大者，非富贵崇高之谓，亦非矜意气，尚权谋，笼罩重人之谓。孟子曰：'养其大体为大人。'心体本自大，无害其自然之性，则清明侔天，博厚如地。""盖人之做事，须从此一点真情血性上发出。"应酬要在"朴实"二字。"朴者，不装文雅、捏体面之谓，实者，不设城府、说假话之谓。"工夫重在"含养"，含而养之，"时习也，温故也，勿忘勿助也"，"若是者，不必求正于心，久而久之，其心自正"。

徐继畬幼承庭训，身体力行，知行合一。时代巨变到来时，当仁不让，勇于探索国家的出路。作为学者型官员，徐继畬最擅长的是舆地考证。在变局关头，"通人不辟异端"，他能果敢而迅疾地撰写《瀛环志略》，有强烈的忧患意识和政治意图。早期维新思想家王韬在《瀛环志略·跋》中，有过精辟而中肯的评论："中丞之作是书，殆有深思远虑也乎？其时罢兵议款，互市通商，海寓晏安，相习无事，而内外诸大臣，皆深以言西事为讳，徒事粉饰，弥缝苟且于目前；有告之者，则斥为妄。而沿海疆圉，晏然无所设备，所谓諏远情、师长技者，茫无所知也，况询以海外舆图乎？中丞官闽峤，膺方面之寄，蒿目时艰，无所措手，即欲有所展布，以上答主知而下扶时局；而拘文牵义者动以成法不可逾，旧章为不可改，稍有更张，辄多掣肘。中丞内感于时变，外切于边防，隐愤抑郁而有是书，故言之不觉其深切著明也。呜呼！古人著述，大抵皆为忧患而作，顾使中丞不得行之于事，而徒见之于言为足惜已。"晚清汉人主政第一人、军机大臣协办大学士沈桂芬撰《松龛墓志》评价道："五台松龛徐公德业文章彪炳当代，海内知与不知，莫不想望风采，翕然宗之。"

在底蕴深厚的中原华夏文明的土壤上，不断和游牧民族碰撞交流，一方面使得山西形成根深蒂固的宗族社会，情与理交融，保守而坚韧；另一方面又因长期频繁接触外来民族，形成质朴实在、开放包容、积极进取的性格。五台东冶镇是徐继畬的出生和成长之地，处商贾交通要径，居五台佛教圣地，信息流通，视野开阔。五台徐氏宗族"滹沱浩荡，睦亲厚德，绵延繁衍"。一方水土养一方人，山西地域文化与徐继畬质朴独立包容的性格不无内在的联系。

徐继畬整理刊刻的《敦艮斋遗书》卷八《逍遥游解》，即有这方面的体现："《易》者，五经之原也，三教之本也。不窥易理，庄老之书，西方之书，儒家之书，皆不可读，以其游谈无根，无天地法象之可据也。"徐润第推崇"艮卦"，论述了人与环境相调适，并完善修养自我的"天地位焉，万物育焉"的"中和位育"思想。同治九年，七十六岁的徐继畬为五台崇实书院题了一副对联："学以明人伦也，若为功名富贵而来，发足便已错了；道在求放心耳，徒工语言文字之末，到头来成个什么！"

受其父影响熏陶，徐继畬形成"对西方宗教、学术兼容并包的思想"，同时又不失其根本。鸦片战争后，徐继畬在南方办理通商事务，与晚清官场避见"夷人"的风气不同，徐继畬"到他们的住处，在这里，他们就有机会回答他关于域外国土、风俗习惯的理性询问。"19世纪在美国有广泛读者的《中国总论》提到，徐继畬是鸦片战争后"沿海官员中少数几个富有思想的人之一"，"能够看到其结果很可能是持久的和严重的"。而且徐继畬"比他们在京城的上级能更好地领悟'西洋人'在五个开放口岸的出现，对中国输入了持久的势力"。

由此，也可以隐约理解徐继畬在咸丰七年所写狂言奏稿："惟有一件，奴才生平没有出息，不会赚钱。单爱坟前立的那个石头，刻上些兼满、蒙、西洋三体合成的，那唐古忒的些字，甚是别致。可惜除了喇嘛，无人认识。不如将奴才的近日所作这些东西，似乎不是陈言。从前唐宋八大家，未辟此境。可否容奴才注释明白，刊了板子，连从（前）递过的几个好折子，总为一集，以为奴才身后传名之计。"

由于中西之间巨大的文明差距，古老的中华被视为"停滞的帝国"，社会被认为是"超稳定结构"。徐继畬等对近代中国命运的思虑，要到半个世纪之后的甲午战败之时，社会启蒙思潮兴起，才得到政府及进步人士的关注。徐润第、徐继畬父子留下的宝贵文献资料，延续着古老中华的智慧和格局。

十四、五台徐氏与崞县续氏

定襄县西社村的续氏与五台徐氏都是当地望族。两姓虽分属两县,又相距二十五里,但世有姻亲。

西社续氏源自晋南翼城,明永乐二年经洪洞迁居崞县(今原平市)西社村(今属定襄县)定居。六百多年来,续氏在西社繁衍生息,已至二十五世,现居村人口占全村总人口的百分之八十五。续氏秉承勤俭勤劳、善学善行、诗书继世、礼仪传家之家训，从起始的垦荒种地、织苇编席，到后来的设塾教学、耕读传家，到七世祖本还始，一些富裕家庭把子女送到州、县书院，接受系统的文化教育，或请塾师到家授业，或将子女送到私塾，都把读书授业当作每个家庭的主要职责。稍有成就者，就把回乡创办私塾，收徒授业作为己任。如十一世续瀍，清雍正二年举人，淡泊名利，终生不仕，在乡设馆教授生徒从学者数以百计。十三世续绥是清嘉庆六年举人，终生未仕，数十年设馆授徒，门人数百。此外，近三十多位举人、秀才在外担任州县学正、教谕、训导等教育官员，他们的子弟、亲朋、左邻右舍都受到引荐、保举而进了名书院、名私塾，投入名师门下，最终成才。十四世续克家、续承家兄弟都是清乾隆年间增生，是学问大家，后来成为福建巡抚的徐继畬是他们家的外孙，徐青少年时期在西社即请教于两位舅父，他们的治学理论、学问和诗文对徐影响很大。西社续氏读书蔚然成风，不少人考取功名后入仕做官，仅清雍正到光绪百年间，西社续氏就出现举人十八名，太学生十七名，贡生十二名，庠生百余名，仕进的二十二名，封赠官阶的三十八名。其间，更有十二世叔扬、季扬、俱扬三兄弟同榜中举，分任训导；十一世续瀍和其两孙续系、续绥同为前清举人；十四世续鹤龄、续九龄兄弟二人均为清乾隆年间举人，不少人成了名扬晋绥的社会贤达，续氏也成为雁门望族。民国年间，续西峰组建忻代宁公团，成立国民军，反帝制反封建，成为"北方革命领袖"，为民主共和呕心沥血、四处奔走，终因积劳成疾，英年早逝。抗日名将续范亭，求民主求共和，苦谏蒋介石，剖腹中山陵，奋战晋西北，成为一代楷模。

五台徐氏，祖居应天府句容县，明初随徐达充军来到山西，奉召大同府，居朔州马邑，后移居五台建安，再分居于建安周边东冶、永安等村，在窑洞前开荒种地勤劳耕耘，苦度光阴。奉行以德立人、以诚处人、家教传世、智慧行世的家训家规，致使人丁兴旺，家业日新，历经六百余年，传世三十世，成为五台望族，在清代就出现进士两人，举人八人，武举六人，贡生二十八人，庠生三百九十一人。有徐润第、徐继畬父子两进士同朝为官，成为一代名儒。更有共和国元帅徐向前，曾任国务院副总理、国防部长、军委副主席，为军队建设和共和国立下了不朽功勋。

西社续氏与五台徐氏，迁徙定居的时代相同，生存生活的地理人文环境相同，传承的家族理念相同，追求的价值观念相同。两族虽分属两县，但相同的风俗习惯、思维理念、文化传承，造就了两个家族无数的美好姻缘。据查阅续氏、徐氏家谱资料，走访部分老者证实，续、徐两姓联姻确是当地一种独特的社会现象。

续、徐两姓世有联姻。从现有资料来看，早在明嘉靖年间，徐氏十世祖徐大名、徐百厚（均居石村）就娶西社续氏为妻。乾隆初年，续氏十二世续监修（太学生）娶徐氏为妻，自此之后，两姓联姻渐多。据不完全统计，在此后一百多年内，西社续氏配娶徐家女近五十人，续氏女儿适嫁徐氏有四十余人，这里不乏有资料记载不完整而遗漏者。特别是续氏与徐氏二股姻亲关系更多，联系更加紧密。续氏三宅续备修（十二世）子续曙娶徐氏二股徐天叙（十二世，徐继畲曾祖）之女，继徐公谦（建安）之女，续备修有一女适配于徐天叙堂哥徐天香之子徐枚儒，续备修与徐天叙、续天香结为儿女亲家。

续备修子续昶（十三世，徐继畲外祖）有二女分别出嫁徐氏二股徐润第（十四世，徐继畲父）和他的堂兄弟徐闰第，徐润第、徐闰第堂兄弟成为连襟。闰第之弟闲第娶的也是续氏女儿。续备修侄孙续克家（十四世，徐继畲堂舅）继娶已迁居定襄前营村徐天海之女。因此，续备修与徐天叙成为世交。闰第孙徐磐亦娶续氏女。徐枚儒孙继恒亦娶续氏女。

西社东股续家修（十二世）孙女、续锐之女有三人出嫁徐氏，其中最为有名的就是续戴月适配徐继畲。戴月的两个姐姐分别出嫁徐继畲的族兄徐浩（永安村，十五世，与徐向前元帅的曾祖父徐潏是亲兄弟）和徐庆恩（永安村）。徐浩族兄弟徐士翘和徐健鹏、侄子徐清廉、徐清廉的侄子徐岳龄、徐庆恩曾孙徐海毓等都娶续氏女。徐氏十三世徐汝学（九股，建安）娶续氏女，续氏十三世续孝惠、续孝彝娶徐汝学女，堂兄弟也成为连襟。这种亲攀亲、亲套亲的关系，在续徐联姻中并不少见。续氏东股十四世续圣武（家修孙、锐侄）娶的是徐敩儒（徐天叙次子）的次女（徐天叙孙女），也就成了续戴月的堂嫂。戴月就是在七岁时，由堂嫂引见给徐继畲祖母韩太夫人，韩太夫人亲定姻缘。"二叔祖鲁范公次女适续氏，夫人之堂嫂也，引之来。韩太夫人扪其髻，扪其面，扪其肢体手足，又问其眉目颜色，喜曰：'儿福相，可配吾孙。'"(徐继畬《续夫人家传》)

续氏南院股续京（十三世）娶的是建安徐邦俊女，其侄儿续凤来娶的是建安徐宣寿女，续期远娶的是建安徐公良女。三宅续维章（十四世）娶永安村徐公彦女，其堂弟续维寅娶永安徐氏女，续嵋（十九世）娶五级徐淑堪。四宅续锡宝（十四世）娶建安徐从谟女。六宅续居仁娶永安徐钟绍女。此外，不知名讳者众多，难以一一列举。

辛亥革命先驱续西峰的第一任夫人也是五台徐氏，因名讳不详，无法考证。

综上所述，续备修与徐天叙、徐天香为儿女亲家，徐敬儒（徐天叙子）、徐敦儒（徐天叙堂侄）与续昶为儿女亲家，徐润第与续锐为儿女亲家，续卓（续锐兄）与徐天叙为儿女亲家；徐润第、徐闻第叔伯兄弟是连襟，续浩、续庆恩族兄弟是连襟，续孝惠、续孝彝叔伯兄弟是连襟；徐继畬称续昶外公，称续圣武姑父，称徐闻第姨夫，亲攀亲、亲套亲，关系可见一斑。

续徐两姓的联姻，相同或相近的家教家风、文化传承和价值理念，教育和培育出了一个了不起的人物——徐继畬。徐继畬渊博的学识、坚韧的意志、不屈的品格，能成为一代名臣，成为中国对外开放的鼻祖，与其外祖父家的影响是分不开的，甚至他的妻子续戴月明理睿智，对他的帮助支持也很大。徐继畬作为续氏的外孙,在小的时候就经常住在外祖家,颇得外祖父和舅父的钟爱,曾在外祖父家得到外祖父(续昶)、外叔祖父(续昑)及堂舅(续克家、续承家)的教诲。"外祖一生讲学及门者数百人,其能身体力行,专主良知,字字见诸躬行者,惟故大司马阿悫勤公一人,我敬畏之如师。"(徐继畬《疯话偶存》)"余少时为公所器爱,每适外家,公必来坐谈良久,问其学业,加以训勉。又延余至其斋中,读其藏书。故公之言论风采,余知之最悉。"(《松龛先生文集·弦斋续先生墓表》)"余尝侍坐,听先生说往古事迹,缕析条分,如指诸掌间。"(《松龛先生文集·菊园诗钞序》)可见,外祖、舅父的教导,特别是堂舅续克家、续承家的治学理念对他以后的思想、性格、学业等起到了非常重要的作用。

从续徐两姓这一独特姻亲现象可以看出,旧时姻缘关系的产生,有其内在的原因和规律。

一是门当户对。婚姻从来就是两个家庭甚至两个家族的大事。婚姻是人身关系、财产关系、权利与义务等关系的复合。因此,中国婚姻讲究门当户对,在旧时代更是如此。门当户对是指婚姻双方家庭、家族的社会地位、经济状况和学历阅历等多类别多层次因素相当,能够更好地匹配与自己具有相似素养、广泛共情的婚姻对象。所以结婚对家庭而言也叫联姻。在历史上,联姻的标准就是门当户对。从续徐两姓的联姻情况看,也是如此。以续备修和徐天叙两个家庭或家族为例,都属当地的大户人家,社会地位相当。续备修有兄弟四人,子侄十一人,孙辈三十一人;徐天叙有子三人，孙辈六人、曾孙十一人。学识相当，均为书香门第。续备修潜心苦读，学业优异为庠生，子侄孙辈有举人四人、太学生两人、增生六人、庠生十一人，任学正、教谕者四人；徐天叙苦攻入泮，为增补广生，长子徐敬儒为大挑一等举人、乾隆乙卯恩科进士、内阁中书，次子徐敩儒监生，孙辈多入泮，或入仕做官，或设馆授徒。

二是文化底蕴的相同。续徐两姓都尊崇儒学，世代崇尚读书，视为立身之本。徐天叙"为文有清气，好学成宏体"。（《五台徐氏宗谱·十二世祖惇菴公传》）徐敬儒"读书勤敏，治举业三年不解衣，一日能为文十余篇"。（同上）续函（备修父，十一世）"自幼聪悟，嗜读诗书"。（《西社续氏家谱·续函传》）续备修"少时求学，学业优秀，每试名列前茅"。（《西社续氏家谱·续备修传》）续昶"自幼学儒，才思敏捷，少时应童子试，挥笔答案，一气呵成，拔为庠生之冠"。（《西社续氏家谱·续昶传》）徐继畬赞其堂舅续克家"家多藏书，披吟皆遍"。（《松龛先生文集·菊园诗钞》序）相同的文化底蕴必然导致文化认同，这种文化认同亦包括对婚姻文化、习俗文化的认同。比如，都以培育孩子读书为家庭要务，都以男性主家为正统，甚至婚嫁年龄、习俗都基本相同。明清时代的婚姻多为聘娶婚姻，聘娶婚姻不同于买卖婚姻，主要形式是遵循父母之命、媒妁之言，这种婚姻文化在当地习俗中至今还根深蒂固地存在着，并形成了影响甚广的婚姻文化。从续徐两姓姻亲现象中不难看出，这是当时两个家族共同认可的婚姻形态，这种婚姻不仅维系了两个家族血统的纯正，也可通过这种简单易行的婚姻形式达到各自的婚姻目的，一辈辈地维持了门当户对。自续备修、徐天叙成儿女亲家后，两个家族的习俗、文化的相互认同、认可，就是这种姻亲关系不断延续的基础。徐继畲的成人成才就是两个家族文化认同的结果，也把婚姻文化的影响发挥到了极致。

三是价值观相近。价值观是指一个人对周围的客观事物的意义、重要性的总评价和总看法，既表现为价值取向、价值追求、价值目标，又表现为价值尺度和准则，成为人们判断价值大小、是非对错的标准。婚姻价值观就是在婚姻关系中形成的比较持久稳定的一种理解和认识，其最明显的表现就是具有共同的生活目标，在善恶美丑的衡量标准上基本一致，思维习惯和处事行为基本相似。续、徐能保持长久稳定的姻亲关系，正是取决于两个家族相同或相近的价值取向和评判标准。这首先源于续备修和徐天叙两人的相互认可。续备修"居食简朴，不尚浮华，性豪爽，乐助人。在乾隆年间同川大旱，饥民甚众，续备修以老迈之身赴县求赈，方使饥民活命"。（《西社续氏家谱·续备修传》）徐天叙"简贵无枝叶，以此不利名场。性仁厚好施，予戚友丐贷无难色。岁值大饥，人有菜色，公尽出藏粟，于门外设囷，五日一籴，出粟未及半而市价已平，全活不可胜计"。（《松龛先生文集·曾祖父赠资政大夫增广生员惇庵公家传》）由此可见，续备修与徐天叙两人的价值理念和价值取向竟是如此相同，这成为两人相互认可、两个家族的姻亲不断延续的基础。在续备修谢世后，徐天叙专程吊唁，并题挽诗"数年无作断肠诗，断肠于今为亲知。那知一天谈笑日，便分两地没存时。玉楼长赋花生笔，蒿里短章泪满厄。犹忆西山埋骨处，夕阳凭吊暮风悲。"（《西社续氏家谱》）

四是子从父命。父母之命、媒妁之言，是旧时代婚姻的前提。正因为祖辈的交好或婚姻，才有了后辈进一步联姻的基础。更有甚者，在儿女未出生之前就指腹为婚，或在孩提时候就定了"娃娃亲"。续戴月就是在七岁时，与徐继畲订了"娃娃亲"；但这种"娃娃亲"不是盲目的，因为徐继畲的祖姑就出嫁给续氏，他的母亲就是续氏女。

五是亲情相依。旧时代，由于交通不便、信息不灵，即使是父母兄妹，出嫁以后也很少联系往来，特别是女儿出嫁后，很少回到娘家，姑侄、姐妹之间的来往就更少了。于是，她们就向自己的姐妹兄弟、侄儿侄女介绍合适的婚嫁姻缘。这种亲戚之间互相介绍，亲情相依，亲上加亲的婚姻，普遍认为可靠牢固而备受人们推崇，成了相互联系的重要桥梁和纽带，出现了较多的姑侄、姐妹出嫁一村，父子、兄弟同娶一村，姐妹为妯娌，兄弟为连襟的联姻现象。这实质上是一种相互依存的亲情心理需求，也是传递信息、互通有无、相互照应的亲情关爱途径。

十五、评价拾零：破冰醒世之功

徐继畬的华盛顿论具有开创性的典范意义。

徐继畬对华盛顿的评价，是他在无所依傍、无所继承、无所参考的情况下独立做出的，这反映了他的高见卓识。在徐继畬之后，中国知识界有的继承、演绎，有的发展深化了徐的评论，其大框架依然是事功与道德，其主要方面，依然是创立民主制度与个人高尚品德，而这两点，都是徐继畬开创的。正是在这个意义上，可以说徐继畬的华盛顿论在近代思想史上具有开创性的典范意义。

——熊月之（上海市社科院副院长，历史所所长、研究员）

徐继畬在中国近代思想史上有破冰醒世之功。

徐继畬的开放思想形成与其所处时代相关，更与早年博学多闻、后来在福建等沿海省份与西方人广泛接触的实践活动密切相关；他摆脱了传统的羁绊和束缚，思想开放的程度大大超越了同时代的清朝官员和其他的思想家；社会转型时期，不同的思维、不同的方法带给权力中心人物不同的政治命运。徐继畬的开放思想及其实践活动，给中国近代化留下深刻启示和借鉴，那就是打破坚冰，唤醒国人，发展先进生产力及其生产关系，实现强国富民的伟大目标。

——孙丽萍（中共中央原党史研究室第一研究部副主任）

徐继畬是近代著名爱国主义者。

鸦片战争时期，徐继畬主张积极抵抗外来侵略。战后徐继畬对外交往的出发点和落脚点都是正视列强入侵，主张"镇静为主"，力求"民夷两安"，试图掌握对外交往的主动权。徐继畬也有力不从心，向外国侵略者妥协退让的时候。在处理神光寺问题上，徐继畬采取了借用民力釜底抽薪的办法，这正是他处理对外事务的一贯态度。而当时各方强加给徐继畬的"强民从夷""抑民奉夷"之类的指责是不负责任、缺乏事实依据的。

——邵雍（上海师范大学中国近代社会研究中心、历史系教授、博导）

徐继畬第一个提出了"变局论"。

鸦片战争爆发后，徐继畬的言行，表明他是这个时期禁烟派、抵抗派的代表人物，与林则徐等人一样，捍卫了国家的主权与尊严。徐继畬第一个提出"变局论"（"此古今一大变局"），并提出备战和戎、平等外交的主张。"和"是战后徐继畬等人（包括道光帝）处理中外关系的基本原则，因此，有必要重新认识鸦片战争中的"战"与"和"。以"战"打天下，以"和"治天下，历史就这样在反复交替中前进，历史人物也就在历史活动中展现他的真实面貌。

——徐松荣（广东省社会科学院历史研究所研究员）

在被动对外开放中徐继畬实现了学术转向。

徐继畬的舆地考证从西北到东南、从陆地到海洋的转向，是他尝试贯通中外历史地理、介绍海外新知识的连结点。利用中国海洋图书与雅裨理的口述相对接，以中国海洋经验验证西方知识，是《瀛环志略》取得成功的重要因素。重新"发现"中国海洋史，含有冀望中国在海洋突围再起的深意。借鉴历史，反思对策，反映了徐继畬海洋意识的感悟与觉醒。另外，经过了考证与推测后，初步可以断定：《瀛环志略》并非道光皇帝授意撰写。借此机会以正视听。

——杨国桢（厦门大学人文学院历史系教授、博导）

徐继畬教会国人通过认识世界来认识自身。

徐继畬首次把整个世界描述为"大海所环绕的陆地"，《瀛环志略》的命名标志着中国人对世界地理空间的认识从传统"畿服"理论到近代地理学的转变，并在很大程度上推进了中国政治思想、外交政策等领域的近代化进程。

——王尚义（太原师范学院原院长、教授、博导）

徐继畬"以商制夷"的思想影响了中国近代化进程。

徐继畬"以商制夷"的对外策略思想，发端于家乡的晋商氛围、本人兼收并蓄的开放学风、沿海任职的亲身经历；形成于《瀛环志略》中对世界格局的冷静考察与判断；实践于以处理福州洋人入城事件等一系列对外交涉活动，深刻地影响了中国的近代化进程。

——刘晓丽（山西省社会科学院历史所研究室主任、研究员）

开放与传统是徐继畬的二重性。

作为睁眼看世界的思想先驱之一，徐继畬具有开放的一面，主要表现在世界观、对西方民主制度的关注等等；作为一个深受传统文化浸润的士子，徐继畬的身上又打着不可磨灭的传统的烙印，他忠君、他推崇八股文、他为了子嗣而纳妾——集"开放"与"传统"于一身的徐继畬是矛盾的，一方面他兼收并蓄接受"外部世界的信息"，"向中国的维新迈进了决定性的一步"；另一方面他又屈从于传统，自觉不自觉地去迎合社会的主流意识。

——雒春普（山西省社会科学院历史所研究室主任、研究员）

徐继畬善用折中的方法处理对外关系。

徐继畬很大程度上抛弃了传统的华夷观念，通过自己的实践，采用实事求是的态度向国人介绍外面的世界，且用折中的办法解决相关事务。徐继畬给外交以一定的空间，成为中国近代启蒙思想的先驱。

——冯素梅（山西省社会科学院历史所研究室主任、副研究员）

《瀛环志略》孕育着近代民族观念。

由传统民族意识向近代民族观念的跨越，是一个艰难而复杂的历史过程，从"华夷"向"中西"话语的转型，则是这一历史性跨越的基本前提。《瀛环志略》面对的是一个完全的"华夷"话语的时代，徐继畬的《瀛环志略》却特立独行地放弃以"夷"来指称西方各国，建构起一种具有近代意义的话语模式，构建了从传统观念的"天下"到近代意义的"世界"的新的认知体系。

它为中国近代民族主义的转型和凝练,提供了最初的思想基石和历史资源。

——王先明(南开大学中国社会史中心暨历史学院教授、博导)

徐继畬及其《瀛环志略》成为西方人观察中国的风向标。

19世纪中叶,徐继畬及其著作是西方人特别是传教士们观察中国的风向标。弼莱门的书评《一部新的中文地理书》,主要翻译《瀛环志略》的内容;卫三畏的文章,则注重《瀛环志略》的学术意义。在中国人眼里作为观察世界之窗的《瀛环志略》,在西方人眼里却成为探询中国文化的一条路径。传教士们还认为,《瀛环志略》的刊行能够在知识和思想的层面帮助他们的在华事业。

——吴义雄(中山大学历史系原主任,教授、博导)

《海国图志》以博见长,《瀛环志略》以精取胜。

《海国图志》以博见长,《瀛环志略》以精取胜。《瀛环志略》之长在"开眼看世界",当时中国最高水平的世界历史地理书是《瀛环志略》。《海国图志》之长在主张"师夷长技",亦即向西方学习,而向西方学习是鸦片战争以来历史发展的潮流,因此其历史地位要在《瀛环志略》之上。

——郑大华(中国社会科学院近代史研究所研究员、博导)

《瀛环志略》具有开拓创新精神。

冲破天朝帝国罗网，立足全球，放眼世界，是全书框架结构的开拓创新；关注发展变革，揭露英国骤富，赞誉美国民主，代表了记述内容的开拓创新；方志体与史书体混合运用，得心应手，融为一体，是编修体例的开拓创新。

——张海瀛（山西省社会科学院研究员）

《瀛环志略》是一部宣扬近代进步思想的教科书。

徐继畬《瀛环志略》运用近代地理学理论和科学方法，记述五大洲、四大洋的地理形势和世界各国风土人情、历史沿革、山川城郭，地图绘制精细，方位准确。在写作风格和体例上也有突出特点：中国传统的舆地学观念，史地兼备的著述风格，初步形成近代城市功能的观念。《瀛环志略》反映了徐继畬强烈的忧患意识和师夷制夷的开放思想，曾经作为教科书进入京师同文馆学堂。

——宋大川（北京市文物研究所原所长）

《瀛环志略》展现了一个真实的地球和世界。

科学的态度、求实的精神、正视现实的勇气，是徐继畬所追求的，也是贯穿《瀛环志略》的灵魂。《瀛环志略》冲破了思想与社会习俗的约束，勇于承认他国的优点，勇于承认自己的不足，展现了一幅幅世界各国真实的社会画卷，也表现了作者的价值观和开放心态。

——郭春梅（太原师范学院社科系教授）

徐继畬为国人认识世界开启了一扇窗。

徐继畬的《瀛环志略》是中西文化对峙下中国对西方重新审视的杰作。《瀛环志略》确立了中国是世界一国的概念，揭示了工商可以富国的道理，表达了对西方资本主义民主政治制度的关注和欣赏。

——殷俊玲（太原师范学院社科系教授）

徐继畬认同多元的世界及文明。

徐继畬最早抛弃陈腐的华夷观念，接受了近代地理学的宇宙观，认同多元的世界及文明。《瀛环志略》承认了在儒学之外存在的各种宗教，也是世界文化的部分，但是从作者流露的感情分析，他仍然认为儒学是最合理、完美的学说。

——秦艳（山西省社会科学院历史所研究人员）

徐继畬的新思维携带着西方文明的影子。

1865年，徐继畬入职清朝总理衙门，《瀛环志略》由总理衙门刊印，提高了中国人对西方的认知程度。以总理衙门大臣的身份兼职同文馆总管，为徐继畬的系列革新提供了有力支撑。然而，徐继畬作为一个对西方有着深刻认知的中国士人，他对同文馆进行的变革努力携带着许多西方文明的影子,因此受到以倭仁为代表的顽固派的攻击最终导致失败。

——冀满红(暨南大学文学院历史系教授、博导)

徐继畬是坚定的爱国者和睿智的外交家。

政治力学和政治行为心理学为研究政治、政治家和政治行为提供了科学的基本思路。徐继畬生平事迹给予我们重要启示:国家兴亡,世界和谐,匹夫有责。必须勇敢客观面对世界和面对自己。寄望明君和清官,不如确立严谨高效的民主与法治。

——方强(陕西省司法厅原副厅长、西北政法学院教授)

徐继畬是一位先知先觉者。

松龛先生160年前刊行《瀛环志略》,介绍世界形势及政治、经济、国际关系,期望清朝廷正确认识中国的环境,挽救危局。其见广明思,履霜知冰,对中国的维新、革命,抵抗列强瓜分,多次度过被灭亡的难关,而最终由弱变强,的确影响至深。他是一位先知先觉者。

——原馥庭(台北《山西文献》发行人)

徐继畬关心台湾事务。

徐继畬任福建巡抚多年,期间留下80余件有关台湾事务的奏折,集中在台湾粮价、刑案、造船经费、驻台官兵俸饷、官员升迁、防备英人对台野心等几个方面。

——席涵静（台北《山西文献》社长、总编）

《瀛环志略》在日本幕府时代有影响。

日本文久辛酉版《瀛环志略》透露出的信息是，日本幕府志士仁人勇敢突破了江户幕府实行两百多年的锁国令和禁止基督教书籍输入政策，他们突破了朱熹宣扬的华夷观念，而中国的华夷思想投胎转生到狭隘民族主义之中。

——任复兴（徐继畬研究会秘书长、忻州日报记者）

徐继畬是思想上带动洋务变法和明治维新的前瞻先知。

徐继畬不只是一位山西乡绅，而是思想上带动洋务变法和明治维新的前瞻先知。美国国会图书馆现藏徐继畬的《瀛环志略》多种版本，都在说明徐继畬是一位从山西到华盛顿的中美外交使者。他对美国第一任华盛顿开创的民主制度的赞扬，永久镌存在华盛顿纪念碑上。

——居蜜（原美国国会图书馆亚洲学术研究部主任，博士）

徐继畬是日本强国强种的精神国父。

《瀛环志略》面世之后，在大清成了大毒草和批判对象，除了私下传阅，纷纷禁毁。十年之后的1859年，《瀛环志略》传到了同种同文的东邻日本，成了日本强国强种的精神国父。此时的日本，面临西夷入侵，苦求变法强国之道。明治时代的日本，国学是汉学，以大清为正宗，对西语及西方文化，知悉者凤毛麟角。汉文版的《瀛环志略》传入，满足了从上到下的好奇心。大家通读之后，终于明白：世界不是八荒之地，大清不是天地中国，山外有山，国外有国。特别是美利坚的民主制度、教育体系和重商主义，是世界上最强大的武器，坚船利炮，无坚不摧……于是在日本，从皇室到重臣，从学子到官吏，都认识到了开启民智的重要性，《瀛环志略》在东瀛迅速得到传播，很多公学、私学都将《瀛环志略》列为必读书，取代了原来的程朱理学。

一本书，一种思潮，引领了日本的思想解放。九年之后，震惊世界的明治维新诞生了。深受徐继畬影响的日本思想先驱由利公正，依据《瀛环志略》的描述，起草了日本近代史上具有标志性意义的维新纲领《五条御誓文》。从此，日本结束了封建幕府统治，敲开了现代化的大门，进入了强国强种的时代。

——王进（品牌中国战略规划院副院长，作家）

徐继畬重视科学的教育理论与实践。

徐继畬的教育观体现在学校教育中，教育的内容可以说是家庭教育的照搬和延伸。徐继畬一生奉行"经世致用"，他的《瀛环志略》中处处体现着重视科技和教育的理念，表现中体西用、洋为中用的教育观。

——高春平（山西省社会科学院历史研究所所长）

徐继畬是中国近代高等教育筚路蓝缕的先驱者。

时势的变化使迟暮之年的徐继畬重新回到政治舞台上,成为总理衙门大臣和首任同文馆总管大臣。在同文馆增设天文算学馆、招考科甲正途人员一事的论争中,与总理衙门的同事们一道取得了形式上的胜利,却遭受到实质上的挫折。同文馆的扩大计划没能如当初的设想来实现,但是徐继畬的努力毕竟为同文馆创造了通向更广阔发展空间的可能性。

——林齐模(北京大学校史馆副研究员)

徐继畬的教育思想与实践活动影响巨大。

徐继畬削职为民后,任平遥超山书院山长十年之久。他以严谨的治学态度,督课学子,潜心学术,培养后进,大大提升了超山书院的影响。同时,其开放思想也潜移默化影响着当地学子,对平遥的教育产生了有力的推动作用。

——宋丽莉(山西省社科院晋商研究中心主任、副研究员)

徐继畬对晋商的兴衰多有关注。

徐继畬生活的年代,正是晋商在国内外商界活跃的时期,徐氏作为山西籍人氏,他知晓儒学,悉通外务,同时对晋商的兴衰之事、经营之道也非常关注。他曾为晋商族人多次撰写"寿序",对蒙古地方与内地商贸的开放是晋商兴起原因也有探索。

——张舒(山西省社会科学院历史研究员)

世界在这里得到沟通。

受惠于《瀛环志略》启蒙的野蛮的日本士兵，在徐继畬的图像面前，毕恭毕敬。徐继畬在美国总统华盛顿身上看到古老的"三代遗风"，美国人在徐继畬研究中看到了他们的自由和民主。两种文明，互相在镜子中看到了自己。世界在这里得到沟通，而不是"文明的冲突"。

——杨丽红（山西财经大学副教授）

徐继畬对家乡有着卓越贡献。

徐继畬的一生，都同家乡有着密切联系。为官时清正廉洁，关注山西地方政务，为整肃吏治作了诸多努力。退职还乡后督办团练，维持地方治安；书院讲学时全身心致力地方教育，同时关注地方商业的发展。徐继畬对家乡做出了不朽的贡献。

——赵俊明（山西省社科院黄河文化研究所所长）

山西并不闭塞。

阎宗临先生曾以中西交通史为学术专长，本人也是一个走向世界的山西人，他曾经注释法显的《佛国记》、刘祁的《北使记》、刘郁的《西使记》和樊守义的《身见录》，曾准备研究徐继畬，但没能完成。正是因为如此，我们得出"山西虽然是内陆省份，但并不闭塞"的结论。山西与世界的联系，是山西地方史研究的重要领域。

——阎守诚（首都师范大学历史系教授、博导）

学界应重视研究徐继畬及其《瀛环志略》。

徐继畬近代化思想是学界关注的中心问题，对于徐继畬的爱国思想、徐继畬与外部世界的交往关注度也很高。《瀛环志略》是近代中国人探求外部世界过程中的一部重要著作。进一步深化徐继畬研究，依然是中国近代史乃至中国改革开放史研究的新课题。

——岳谦厚（原山西大学历史文化学院副院长、教授、博导）

倡议成立全国性的徐继畬研究会。

山西和广东两省都有深厚的历史文化底蕴，两省对本土的历史文化都很重视。广东的近代历史文化名人，如屈大均、容闳、康有为和梁启超，与徐继畬或相似，或相同。倡议应以山西为主，成立一个以北京、山西、广东、广西、福建联合起来的全国性的徐继畬研究会，各省设立分会，促进徐继畬研究的深入进行和不断提高。

——丘克军（南方传媒学院副院长）

要用开放的心态研究徐继畬。

《瀛环志略》是徐继畬经邦治国的传世力作，是向国人介绍近代世界大势的优秀著作，也是中外文化交流、文化融合的一座丰碑。用开放的胸怀来着眼大势，全方位的开放可以为改革提供动力、压力和活力。我们应该用现代的眼光和时代的高度重新审视、认真研究徐继畬及其著作，应该迅速把徐继畬这个重要历史人物搬上银幕，搬上舞台，让世界重新认识山西。

——郭裕怀（原山西省政协主席）

对徐继畬精神文化要深入挖掘。

徐继畬作为中国封建社会开眼看世界第一人，其历史价值远超时代，对他的研究也是对改革事业的探索之一，是对历史的尊重，是对今后思想发展的一个启示。19世纪后半叶的思想家们都从他的著作中受益。作为变革维新的微妙宣言，它为洋务运动、维新运动，甚至日本明治维新奠定了根本的思想基础。就连曾国藩后来也深受徐继畬的影响，他在南京专门修建了三间大房子，摆设地球的巨大模型，通过《瀛寰志略》了解美国。可见其人的时代影响力。可以说，他在一定程度上唤醒了国人，促进了历史进步，其开创精神必将千古在世。后人研究他的最大意义在于吸取其精神能量，促进世界大同，人类和谐交流。

——何厚锡（榆次名顺源命名研究创意发展中心总裁）

徐继畬是一个被时光隧道隐蔽了的落寞先知。

在漫长的历史进程中，我们可能记住了许多志士仁人和英雄豪杰，对他们的丰功伟绩也了如指掌；但有一些伟大的人，却不是如此简单,比如徐继畬。相比于那些获得了正确的甚至是过高评价的历史名人,后世或我们今天的时代对他的评价还是显得有些低,最起码是不到位。这是因为,在他活着的大多数岁月里,他的政治抱负基本上没有实现,更谈不上得到重视;他的晚年,是在郁郁不得其志的落寞中度过的;在他辞世后的相当时段里,还被见识浅短的历史学者误解;即使在当代,他的历史地位和思想价值,也没有被充分地认知——这一切足以证明,他是一个被时光隧道隐蔽了的落寞先知。

——徐建宏(五台徐氏二十一世传人)

【当代启示】

公廉第一难

清朝后期，封建统治机构已经基本腐朽，但在这个腐朽的肌体中，并不排除还有个别官员为政清廉。金代元好问有诗云："能吏寻常见，公廉第一难。只从明府到，人信有清官。"就是说，在封建社会，有才能的官员并不少见，但是清官廉吏十分难得。可以说，徐继畬就属于那种"公廉第一难"的人物。

徐继畬一生官居要职，手握重权，却清贫如洗，耿介忠直；他胸怀天下，忠勇爱国，以民为本，敢于担当，成就非凡，堪为后代楷模。其廉洁勤政、为国为民的故事，一直为后世所铭记，其一人为公、一心为民的精神，也一直为后人所传承。

徐继畬生于仕宦之家，祖孙三代为官尽职，家风清廉，崇尚气节。祖父敬儒为官出仕时，曾祖徐天叙嘱咐：你如果拿偷工减料贪污来的钱买祭品供奉祖先，是对祖先的污辱；以贪污款孝敬我，我怎么能下咽？如果因公赔累，家中薄产，任你消耗，我赔光家产也不后悔！徐敬儒恪守父训，洗手奉职。父亲徐润第仕宦期间更是"生平一介无苟取，服官二十余年，衣不盈两笥"。徐继畬深得父训，特别是先辈从小训诫他"谨守先训，饮冰茹蘖，不取一钱，矢慎矢勤""尊先祖、重品德、勤耕作、睦乡邻、务民生"以及"不淫盗、不赌博、不揭人短"等"十要十勿"家风，从小就刻在他的心里，生根发芽，让他终生难忘。无论在一生的仕宦中遇到多少艰难险阻，都能初心不改，终生守廉，一心报国，出死为民。

徐继畬考中进士、步入仕宦后，以清廉为本，向道光皇帝连上奏疏《请除大臣回护调停疏》《政体宜崇简要疏》，对清政界腐败问题及腐败产生的体制或机制原因进行了深刻剖析，认为"皇上广开言路，诸臣条奏苟有可取，无不通行训谕，惟是积习疲玩已久，煌煌圣谕，漠不经意，轻亵甚矣"。他还认为清朝对官员考核太烦太细，"现行之条，苦于太繁太密，不得大体"。建议修改。他崇尚节俭，反对奢靡，在奏疏中建议咸丰皇帝停止大动土木修建颐和园，认为"国家崇尚简朴，大内宫殿，一仍明旧……伏望皇上坚持，苟非万不得已之工程，一切停罢。至于装修陈设，珍奇玩好，可省则省，无取铺张。"在这样的思想指导下，他在担任陕西道监察御史的时候，大胆弹劾忻州知州史梦鲛、保德知州林树云、荣河知县武履中、登州知州英文等人；在《特参州县入省钻营疏》中，徐继畬要求严惩擅离职守、投机钻营者；在《特参藉端科敛疏》和《特参退赃诱结疏》中，建议对贪官一查到底，以期"回护消弭之积习可略除"，以此而受到道光皇帝的重视。

道光二十三年，他从广东按察使升任福建布政使，离开广东时，因经济困难，一友馈赠路费五千金，徐继畬坚却不受。有人讽刺他装清廉，他在《古诗源评点》中提到此事说，与古代伯夷、叔齐相比，"自觉犹多愧色"。刚到福建，境内的州府官员纷纷前来家中携礼金祝贺，被他一一拒绝，官员们都吃了闭门羹，对他这个政界"异类"表示吃惊；福州府按照惯例给他的番银（外国银圆）四千元，作为他的办公经费，也被他婉言谢绝；他的一名手下在台湾做县令，派家人偷偷为他送来两百两黄金，被他掷金斥逐，以后再不敢来；在福建工作过程中，他所接触的豪绅们也常来给他送钱，他都视为洪水猛兽，纷纷拒绝；三次离别福建进京，官场朋友送他赠银，他一概不收，因此赢得了"清正廉明"之美誉。同僚荐牍称赞为"清廉明达，有守有为"。

徐继畬居官多年，没有营置家产，只在罢官之后，修建住宅一处，并购地十亩作为坟地，用他的话说是：乃得苦盖数椽为藏身之地。而此时的他，无官一身轻之后，已等同于一名失业者，没有收入，多年节省下的微薄收入也仅够一时生存，这与他身边的朋友、商人相比，实在寒碜。乡里人甚至讥讽说：世上未有如公贫者——世界上只有你是为官而成为穷人的，这是对徐继畬仕途生涯的另类总结。同治四年，清廷重新起用徐继畬，任命为总理各国事务衙门行走，后又兼任同文馆总管大臣。徐继畬到京后，住房和家具什物，都是向老朋友借用的。

家教铭记于心

　　三十余年的仕宦生涯，徐继畬在清贫中度过。他在从陕西奉调广西的时候，不得不张口向亲戚借钱，以作路费；为了偿还父亲欠下的一些债务，他不得不卖掉家里的衣物，包括妻子的首饰；他的妻子在福建寓所病逝后，灵柩无钱运回忻州，只得存放在福建一个寺庙；他奉派到厦门办理"夷务"之后，打听在五台买宅基地之事，说不愿住在城市，急欲回到恬静的乡村隐居。他听说有位叫逢恩的人有一片空地，要价不到纹银千两，他很想买过来，可是又担心平地起屋花销太大，如果马上下台，将无力买地造屋；他在山西平遥超山书院讲学多年，以微薄的薪水维持家用；特别是在他罢官后，朋友建议他"捐资"纹银三千两，以抵消处分，恢复官职，他认为自己"囊空如洗，断无此力。且以曾任封疆大员而捐抵求升，岂不热中太甚？……即便捐免处分，又安见其必升？现已决定主意，如届秋冬无转动，即引疾归去矣"。因此坚不捐输；在八国联军和义和团攻打清朝，朝廷财力空虚，无力应对，发诏书要求"曾任督抚司道在籍之员一体竭力捐输"。为完成朝廷下达的"捐输"任务，他在家乡担着"败家子"的名誉，变卖祖上财产十之七八，仍无力拿出一千两纹银，不得不给山西巡抚修书一封，请求支持解决。他在信中这样写道："惟弟虽外任十余年，而所在皆极苦之缺，办公之外家中并未置田产……世上未有如弟贫者，未尝不自卑自笑也。在平遥主讲五年，馆俸每岁二百四十金，不足供家中食，指祖遗微薄资产，年来折变供餐，亦已殆尽。"这种做清官所面临的痛苦，承受的社会压力，可想而知。在他给外甥的信中这样写道："我由太守历封疆，外任十六年，归来一贫如洗……又性不解吝财，所得养廉随手分于宗族旧亲，故范叔一寒至此耳。"他在谢官后两袖清风，在他宣读的《谢政归里祭祖文》中这样写道："蒙恩擢广西巡抚，旋调任福建巡抚，在任五年。两署闽浙总督。以焦头烂额之地，值山穷水尽之时，兼以抚局。既定，奉旨专办通商事务，困心棘手，莫可名言。谨守先训，饮冰茹蘖，不取一钱，矢勤矢慎，力图补救……伏念继畬才力短浅，未能建立勋名，以光祖考，诚为可愧。惟谨洁自守，尚未玷先人清白。"确是他一生真实的写照。

　　他在自撰的《五台徐氏本支序》中的一段话，解答了自己行为准则的出处和来源——

"先大夫施南公尝训不肖继畲曰：'君子之泽，五世而斩。不加培养，如惰农坐食，仓箱无不尽之理。尔高祖以厚德起家，至尔五世，将加以培养乎？抑竟坐食以待尽乎？'继畲悚然惕息。自念服官中外二十余年，虽斤斤自守，幸未裂名检以贻先人羞；而为郡守以至疆吏，事权在手，安保无疏忽谬戾，玩民瘼而伤元气？先人遗泽，不加斫削幸矣，遑云培养乎？年已垂暮，补过无由，乃以幼所听闻、壮所睹记，撰为本支叙传。据事直书，不敢有一字增饰，以厚诬先人。"

徐继畲始终不忘家训，出死以为民。步入仕宦后，他所处的时代，正是清朝急剧衰败时期，外夷频频入侵，内战连绵，政局混乱，民不聊生，给他带来巨大的工作压力。面对压力，他不改初衷，以民为本，怀恋故土，作《啖糠词》，谆谆告诫在晋官员："晋俗俭啬，石岭关以北寒瘠尤甚，丰年亦杂糠秕"，你们可要怜悯这里啊！他在诗中用通俗的语言这样写道："富食米，贫啖糠。细糠尤自可，粗糠索索刷我肠。八斗糠，一斗粟，却是抟来沙一掬。亦知下咽甚艰难，且用疗饥充我腹。今年都道秋收好，囷有余粮园有枣。一半糠秕，一半米，妇子欣欣同一饱。昨行都会官衙头，粒米如珠流水沟。对之垂涎长叹息，安得淘洗持作粥。"

这篇现实主义的诗作，一方面描述了劳苦人民吃糠充饥的苦难生活，同时揭露了达官显要"粒米如珠流水沟"的奢侈生活。他积极主张整顿腐败的吏治，是以自身的廉洁自律为基础的。

在另一首诗《驼炭道》中，则对五台人民艰苦贫穷的生活深表同情，他这样描述道："隔巷相呼犬惊扰，夜半驱驴驮炭道。驴行黑暗铎丁东，比到窑头天未晓。驮炭道，十八盘，羊肠蟠绕出云端。寒风塞口不得语，启明十丈光团圞。窑盘已见人如蚁，烧得干粮饮滚水。两囊盛满捆驴鞍，背负一囊高累累。驮炭道，何难行，归时不似来时轻。人步伛偻驴步碎，石头路滑时欲倾。日将亭午望街头，汗和尘土面交流。忽闻炭价今朝减，不觉心内怀烦忧。价减一时犹自可，大雪封山愁杀我。"读来让人潸然泪下，体恤民瘼之情，油然而生。

1852年，他削职为民后，不悲观，不绝望，仍以另一种方式，实现他报国为民的理想。他以古代优秀知识分子为榜样，潜心治学，清廉修身，坚忍不拔，积极进取。在平遥超山书院担任主讲十年，为培养后进、教导山西家乡学子做出了贡献。期间，他以微薄的薪金养活全家。徐山长在超山书院的年薪三百两银子，与县令年俸相等。之外，他当私人教师又挣得三百两，由于养活着八口之家，又要捐款防务，还要资助穷学生，所以经济很不宽裕，每日粗茶淡饭，过着俭朴的生活。平遥有钱人很多，看着徐山长的清贫，很不是滋味，多次提出给他增加薪金，但他坚守信诺，概辞不受。后绅士们遂以求写家谱序、墓表、墓志铭等为由，予以酬劳，弥补此憾，他也只好"遵古名人卖文之例，收其谢仪"，每年增加两三百两银子。所有这些，都充分显示了他正信弥坚、爱国为民、清廉朴实的高尚情怀。

徐继畬告老还乡后，于同治十二年去世。在他去世前，一再嘱咐家人，不要把自己的丧讯报告朝廷，而按照惯例，清廷对像他这样的一品大员的丧葬抚恤费用是十分可观的。他死后，连一口像样的棺木都没有，是众门生合力筹募了一笔专款才把他安葬了。一个人清廉自觉到如此地步，真是旷古少有！

后世研究者任复兴在《孕育三代清官的小院》一文中这样评论他："在凶险的政治生态下，祖孙恪守家风，把贿赂贪污视为毒药，拒贿守廉惊心动魄，事业文章享誉瀛寰，这座小院和附近官院墓地，可谓廉政文化的宝贵资源。"

清廉为民艰

面对国难民艰，他主动担当，实现少时报国为民的宏伟理想。他在新晋进士后朝考时撰写并获得"朝考第一"的《政在养民论》，对国家的治理方式提出了自己独特的见解，认为"古圣人陈谟赞化，不曰治民，而曰养民"。又说"若夫管商之权谋，富国而不知富民，固不足以曰养"。阐释圣人为政，会爱民如子，对不为民做事、善搞权谋的政客提出尖锐批评。

他认为"民本"乃所谓"邦本之所维系，元气之所蟠结，一有动摇，所关匪细。"他"庙堂与江湖"同忧："骨髓已罄，目下青黄不接,粮价腾翔,卖男鬻女,道殣相望。壮者弃产奔逃,弱者填委沟壑。人心汹汹,朝不谋夕。"徐继畬痛斥吏治腐败,讥讽"大臣之负清名有时誉者,以多所容忍为宽厚,以模棱两端为和衷济事之道,以遵循故事为奉公守法之规。观其奏章,所敷陈似乎精密周详,了无遗憾,而实则铺张粉饰,纸上空谈,稽诸事实,大谬不然"。

不仅如此,他亲躬践行,体恤民情,不做贪官,不做庸官,在任陕西道监察御史的时候,写出许多击中时弊、关注民瘼的好文,直言敢谏,力陈官场弊端,行政机关办事程序繁杂,受到道光皇帝重视,诏京入对,委以重任。

徐继畬躬身践行《政在养民论》中提出的观点,特别是在福建担任布政使、巡抚后,面对外夷如英、美等国急欲与中国通商的新局面,他勇于承认中国的落后和不足,以开放积极的思想应对,并折中处理与英美等国派往福建领事、基督教传教士、商人等的各种关系,关照中外双方的实际利益,注重保护外商投资,把用西医治病的医院介绍到中国,使福建呈现出不同于其他沿海地方的"安定团结、欣欣向荣"的良好局面,老百姓过上了平稳安定的生活。这一成绩的取得,正是他一生所追求的"政在养民,一心为民"的思想诠释。

三十余年仕宦生涯,徐继畬廉洁修身,勤政为民,尽管自身十分贫困,总要拿出微薄的俸银无偿捐助那些贫穷和受苦受难的百姓。无论在京城,还是在广西、福建等地工作,受到他暗里帮助的百姓不计其数。他清廉为民的美誉，传播民间。

　　徐继畲是我国近代一位以民为本、悉通中西、廉洁奉公、敢于担当、声名卓著的廉吏能臣。

　　他一心报国、勤政为民的感人事迹和崇高思想，堪为我们后代的楷模。

　　他的直臣廉吏风范，继承和发扬了山西悠久的廉政文化传统，又有其自身独特的原因和表现。除了严格的家族规训和日常的生活熏陶外，其传统士大夫精神的信仰是最为深邃的内因。尤其是他清廉明达、慎独克己、秉持如一、有守有为的内在涵养和品格，对于启发我们今天的从政理事者，具有非同寻常的警示意义和教育价值。

【箴言警句】

尊先祖，重品德，勤耕作，睦乡邻，务民生。

不淫盗，不赌博，不揭人短。

自念服官中外二十余年，虽斤斤自守，幸未裂名检以贻先人羞；而为郡守以至疆吏，事权在手，安保无疏忽谬戾，玩民瘝而伤元气？先人遗泽，不加斫削幸矣，遑云培养乎？

古圣人陈谟赞化，不曰治民，而曰养民。

若夫管商之权谋，富国而不知富民，固不足以曰养。

民本乃邦本之所维系，元气之所蟠结，一有动摇，所关匪细。

下为贱民，上以敛怨，成何体统？安可姑容？应请饬下该抚，确查实情，从严参办，以苏民困，免生事端。

晋俗俭啬，石岭关以北寒瘠尤甚，丰年亦杂糠秕。富食米，贫啖糠。细糠尤自可，粗糠索索刷我肠。八斗糠，一斗粟，却是抟来沙一掬。亦知下咽甚艰难，且用疗饥充我腹。今年都道秋收好，囷有余粮园有枣。一半糠秕，一半米，妇子欣欣同一饱。昨行都会官衙头，粒米如珠流水沟。对之垂涎长叹息，安得淘洗持作粥。

隔巷相呼犬惊扰，夜半驱驴驮炭道。驴行黑暗铎丁东，比到窑头天未晓。驮炭道，十八盘，羊肠蟠绕出云端。寒风塞口不得语，启明十丈光团圞。窑盘已见人如蚁，烧得干粮饮滚水。两囊盛满捆驴鞍，背负一囊高累累。驮炭道，何难行，归时不似来时轻。人步伛偻驴步碎，石头路滑时欲倾。日将亭午望街头，汗和尘土面交流。忽闻炭价今朝减，不觉心内怀烦忧。价减一时犹自可，大雪封山愁杀我。

要平昔心中一切私己、薄人、忌嫉、冷漠、阴贼、短绝、便宜、巧诈，诸念头，凡有伤于天心仁慈公普者，时自翦除，秉一个空荡荡热腾腾底心，委命投诚于天，以待其救星者也。

处事之策则如行文，要一题到手，立身题外，就题中自具之脉络，出之而已矣。一事到手，置身事外，就事中自具之层次，为之而已矣。题不能有正而无反，事不能有好而无歹。不置身于外，将以趋避之私泊之，而端绪迷矣。《易》曰："艮其背，不获其身"，置身事外之谓也；"行其庭，不见其人"，就事中自具之层次，为之而已矣。

为学是自修之事，勤读经史，体认义理，乃心术人品文章功名之本。近世以为取科名事，可谓大迷。轻重本末之辨，尔须知之。

人苦不自省，觉得病痛，便是药也。

恒忍直须智勇兼全，方可言耳。智以察其旨，勇以赴其机。赴机有造，则察旨弥永；察旨渐深，则赴机益决。在《易》雷风为恒。巽而善入，如风之无微不入；震而善动，如雷之无坚不摧。内之入，外之动，一刚一柔，动静交织，知行并进，而后恒可言也。巽，智也；震，勇也，二者缺一不可。

人心属火，不能无所寄。寄之粪草，恶臭冲天也；寄之檀炉，香气满室也。有檀不焚，而恶其燃粪草，火岂能离物而燃于空哉？

然则子欲寡欲，亦慎夫心智所寄而已矣。慎夫心之所寄，须于念虑始萌时；若入草既深，拽之费力矣。

为人要为大人。人之大者，非富贵崇高之谓，亦非矜意气、尚权谋、笼罩重人之谓。孟子曰："养其大体为大人。"心体本自大，无害其自然之性，则清明侔天，博厚如地。

盖人之做事，须从此一点真情血性上发出。

朴者，不装文雅、捏体面之谓；实者，不设城府、说假话之谓。

工夫重在"含养"。含而养之，时习也，温故也，勿忘勿助也。

学以明人伦也，若为功名富贵而来，发足便已错了；道在求放心耳，徒工语言文字之末，到头来成个什么！